Helge Timmerberg

DIE STRASSEN DER LEBENDEN

Helge Timmerberg

DIE STRASSEN DER LEBENDEN

Storys von unterwegs

MALIK

Mehr über unsere Autoren und Bücher:
www.malik.de

MIX
Papier aus verantwortungsvollen Quellen
FSC® C014496

ISBN 978-3-89029-486-5
Oktober 2017

Redaktion: Fabian Bergmann, München
Satz: Fotosatz Amann, Memmingen
Druck und Bindung: GGP Media GmbH, Pößneck
Printed in Germany

»Als ich zum ersten Mal ein Original-Manuskript
von Timmerberg in der Hand hatte, dachte ich,
der will mich veralbern. So was von Legastheniker –
schlimm wie meine Tante Lilli. Darauf angesprochen,
sagte Timmerberg: ›Das muss an meinen
Hörgeräten liegen.‹«

Uwe Kopf

Inhalt

Die Straßen der Lebenden

Barcelona

Ich ging mit Ferdinand durch das Gotische Viertel von Barcelona. Es war Abend, ich hatte noch kein Hotel und wollte in seinem fragen, ob sie noch ein Zimmer für mich hätten. Ich fühlte mich seltsam frei. »Seltsam«, weil dieses Gefühl seit geraumer Zeit so selten vorkam.

Ferdinands Zweisternehotel erwies sich als ausgebucht, aber gleich gegenüber gab's ein anderes, ein komplett sternenloses, und an der Rezeption saß ein fettleibiger Mann, dessen Herkunft sich mir nicht auf Anhieb erschloss. Ägypter? Libanese? Pakistani? Er war gut drauf. Er hatte ein Zimmer. Und als ich fragte, ob ich dort rauchen dürfe, sagte er etwas sehr Schönes und sehr Wahres.

»It's your room!«

Mein Herz hüpfte kurz vor Freude, wie immer, wenn es nach Hause kommt. In einem Raum, für den man bezahlt, kann man machen, was man will. Aber weil es nur 35 Euro waren, mochte ich ihn mir nicht ansehen, bevor wir gegessen und getrunken hatten. Ein entspannter Abend in Barcelona lag vor uns, und ich wollte nicht, dass er durch den Ausblick auf ein möglicherweise verlaustes Ende an Leichtigkeit einbüßt. Wir verließen das Hotel und gingen zur Rambla zurück. Die Prachtchaussee, die an der Plaça de Catalunya beginnt und am Meer endet, teilt die Altstadt in Legal und Illegal, manche sagen auch, in Gut und Böse, weil sie Dealer und Huren moralisch verurteilen, ohne zu wissen, wie es sich anfühlt, Dealer oder Hure sein zu müssen. Das ist eine billig erworbene Moral, und wir teilten sie Gott sei Dank nicht. Wir suchten ein Restaurant in untouristischer Atmosphäre, und sonst suchten wir nichts. Es war ja alles da. Die Gassen, das Leben und der Mond darüber. Vollmond, wie mir schien. Früher hätte ich das als Warnung verstanden, denn ich wäre bei diesem Licht nicht unbeschadet durch ein Hurenviertel gegangen. Schnee von gestern, Koks von gestern, das Bungee-Jumping der Seele reizte mich heute nicht mehr, wie ein Schuss ins Knie.

Eine Mulattin löste sich von einer Gruppe aus drei Männern, als sie uns vorbeispazieren sah. Sie winkte uns mit einer Zigarette, die noch unangezündet war. Sie hätte sich auch von ihren Freunden Feuer geben lassen können, denn sie rauchten alle. Aber es war klar, dass sie hier in ihrer Nikotinsucht eine Chance für bezahlten Geschlechtsverkehr sah. Außerdem war ich schneller, auch schneller als Ferdinand.

Sie kam ganz nah heran, als ich ihr Feuer gab, und weil sie eine kleine Mulattin war, musste ich an ihr hinuntersehen, damit sich niemand verbrannte. Unter der Zigarette, die nun zu glühen und zu dampfen begann, sah ich prall mit Milch und Honig gefüllte Brüste. Drei ewige Sekunden lang gab ich mich dem Anblick hin, und »thank you« sagte dann nicht sie, sondern ich. Es war ein aufrichtiges Dankeschön, aus tiefster Seele und reinstem Herzen, und es galt nicht nur ihr, sondern auch der Kraft, die solche Momente arrangiert. Die Hure verstand das. Und war berührt. Von dieser Mischung aus guten Manieren, optimaler Chancenverwertung und niedlicher Ehrlichkeit fühlte sie sich respektiert. Und sie respektierte mich. Es wurde nicht weiter gebaggert. Sie trat lächelnd zurück in die Finsternis und nahm ein bisschen von der Liebe mit.

Harmloser geht Vollmond nicht.

Wir wählten schließlich ein Touristenrestaurant. Für die Lokale, in denen Einheimische essen, war es noch zu früh, und zu warten verbot uns der Hunger. Aber auch hier waren wir die einzigen Gäste. Ich wählte das einzige vegetarische Gericht, Ferdinand wollte Fischsuppe, und die hatten sie nicht. Fisch schon, jede Menge Fisch, aber nun war die Qual der Wahl das Problem, Ferdinand konnte sich nicht entscheiden. Er fragte den Ober, ob es nicht möglich wäre, eine Auswahl verschiedener Fische in verschiedenen Zubereitungsformen auf den Tisch zu stellen, damit er mal von dem und mal von jenem probieren könnte, und der Mann verstand ihn nicht so recht. Hör mal, hätte ich jetzt gern zum Ober erklärend gesagt, mein Freund ist nicht gaga, sondern ein Mitglied des verarmten K.-u.-k.-Hochadels. Die Slowenen haben seiner Familie in etwa so viele Schlösser weggenommen, wie ihr Fische auf eurer Speisekarte anbietet, aber die Tischsitten konnte man Ferdinands Leuten nicht rauben. Verstehen Sie mich? Doch ich sagte es nicht, ich lächelte es nur in mich hinein, und da klingelte Ferdinands Telefon, und er verließ mich. Ein Botschafter hatte ihn zu einer Geburtstagsparty eingeladen. Fast ohne Übergang allein in einem ansonsten leeren Touristenlokal zu sitzen ist nicht jedermanns Sache. Das Essen war schlecht, der Wein zu sauer, der Preis zu hoch, aber als gelernter Einzelgänger steckte ich das erst mal weg.

Allein ging ich ans Meer. Die Luft kam süß daher. Unzählige Lichter illuminierten den Hafen. Er war zweigeteilt. Drehte ich mich nach links, wurde ich traurig, denn da schaukelten sanfte Wellen kleine Jachten in den Schlaf, und das ist eine Romantik, die ich teilen muss. Nicht mit Ferdinand, dafür brauche ich eine Frau in meinem Arm. Und ich hatte grad keine mehr. Die Trennung war etwa drei Monate her. Nicht die erste Trennung in meinem Leben. Und ich mochte sie nicht zählen. Wer listet schon gern an einem milden Vorweihnachtsabend in Barcelona seine Fehler auf. Besser ist es, auch in seinen Fehlern die Fügung Gottes zu sehen. Denn Schicksal ist auch nicht immer schön, aber man hält es aus.

Nun drehte ich mich nach rechts. Dort lagen nicht unzählige Jachten zärtlich in Familienverbünden, sondern nur ein einziges großes, weißes Schiff. Der Bug zeigte in die Richtung, in die Kolumbus weist. Er steht in Stein und übergroß vor dem Hafen und streckt seine rechte Hand dem Horizont entgegen, und darüber hinaus. In die Ferne, zu den neuen Welten. Und schon war wieder Schluss mit meiner Traurigkeit. Denn das Abenteuer funktionierte für mich nur allein. Und während ich das Abflauen der Melancholie genoss, schwoll ein Gefühl an, dass ich eigentlich ausgelebt zu haben glaubte, weil ich zu abgebrüht vom Reisen war. Aber plötzlich war es wieder da. Dieser Wunsch, an Bord zu gehen und mit dem weißen Schiff nach irgendwo zu fahren, ohne eine Rückkehr einzuplanen. Open End ist das Markenzeichen jeder wirklich großen Reise. Das Comeback des Fernwehs übermannte mich übrigens nicht, es riss mich nicht fort, es kam in keiner Sturmwelle daher, sondern zog in meine Brust so selbstverständlich wie ein neuer Atemzug ein.

Etwa 600 Atemzüge später hatte ich mein Blind Date mit dem Hotelzimmer. Die Gewissheit, auf die bereits bezahlten 35 Euro pfeifen und in ein richtiges Hotel umziehen zu können, nahm diesem Schritt den Schrecken der Endgültigkeit. Die Zimmertür aus Metall, die Wände nackt und früher mal weiß, kein Fernseher, keine Zimmerbar, und statt mit frischen Linnen bezogenen Daunen wartete eine dieser kratzigen Decken auf meinen Schlaf, von denen man nie weiß, was genau da kratzt, die Decke oder das, was darinnen lebt. Ich will es nicht kratziger schildern, als es war. Es gab noch ein sauberes Bettlaken zwischen der Decke und der ebenfalls mit einem sauberen Laken bezogenen Matratze. Wenn man sich zwischen die beiden Laken legte und sich im Schlaf auch nicht allzu viel bewegte oder gar strampelte, könnte man vielleicht ungekratzt davonkommen. Außerdem plante ich, vollständig bekleidet zu Bett zu gehen. Damit sind die schlechten Nachrichten erzählt.

Die guten machten das alles wieder wett. Die erste kennen wir bereits: Ich durfte rauchen. Die zweite: gutes Feng-Shui, aus Zufall wahrscheinlich, denn ich hatte hier keine Chinesen gesehen, was wieder einmal beweist, dass man Chinesen generell überschätzt. Hin und wieder vermittelt ein Zimmer auch ohne Konfuzius ein tadelloses Raumgefühl. Die dritte gute Nachricht betrifft den Schreibtisch. Klein, aber in der richtigen Höhe, schlicht, aber aus Holz, und er stand nicht vor dem Fenster, sondern daneben, was ziemlich wichtig für das Schreib-Feng-Shui ist. Konfuzius sagt: Wenn man beim Schreiben aus dem Fenster sieht, fliegen die Gedanken davon statt aufs Papier, und das Fenster selbst wurde dann zur besten aller guten Nachrichten. Ich sah aus dem zweiten Stock direkt auf eine der Hauptgassen des Viertels. Ich liebe diese Art Gassen, weil es alles darin gibt. Kleinhandel, Imbisse, Straßenverkäufer, Hunde Katzen, Kot und Kinder, Mönche und Mädchen, Touristen und Polizisten, Sänger, Tänzer und Gitarristen und der Blick darauf aus einem Fenster im zweiten Stock ist noch einmal eine Dimension voyeuristischer, als es sich aus einem Kaffeehaus heraus anzusehen. Wozu brauche ich Fernsehen, wenn Nahsehen besser ist? Wozu brauche ich hier Internet? Die Gassen des World Wide Web sind, verglichen mit diesen, ein langweiliger Dreck. Außerdem macht das Internet das Reisen kaputt. Du kommunizierst nicht mehr mit der Welt, in der du bist, sondern mit deinem Alltagsmist. Da brauchst du gar nicht erst loszufahren. Online ist offline on the road.

So hing ich noch etwa zwei Stunden aus dem Fenster und sah dem gassenansässigen Dealer interessiert bei der Arbeit zu, bevor ich mir vornahm, ab sofort das Internet während des Reisens zu meiden, und dann nahm ich mir noch vor, es ab sofort auch während der Arbeit an einem Buch zu ignorieren, und schließlich wurde mir das Wichtigste klar: In diesem Zimmer kannst du schreiben. Nach den Brüsten der Mulattin und dem Atem des Hafens war es das dritte Geschenk an nur einem Abend.

Aber wer schenkte sie mir? Barcelona? Das glaube ich nicht. Eine Stadt ist nur der Tisch, nicht die Gaben. Der liebe Gott? Sicher, aber an den glaube ich auch nicht. Beschenkte ich mich selbst? Weil ich genau hinsah, keine Eile hatte und in Geberlaune war? Bin ich meiner eigenen Geschenke Schmied? Das war die letzte Frage vor dem Einschlafen in meinem halb koscheren Bett.

Der Morgen brachte Ferdinand zurück. Er stand in der Tür und fand mein Zimmer genauso inspirierend wie ich. Er ist halt auch ein Schreiber, aber ein größerer als ich, denn er scheiterte spektakulär. Beim Frühstück im »Cafè de l'Òpera« erzählte er es mir. Ferdinand hatte bis zu seinem 17. Lebensjahr alles getan, was man tun muss, um ein Schriftsteller zu werden. Camus gelesen, Sartre, Kafka, und natürlich auch Baudelaire, Voltaire und die Russen, und danach begab er sich an einen einsamen Strand in der Bretagne und suchte nach dem ersten Satz.

»Als ich ihn nach drei Monaten noch nicht gefunden hatte, gab ich es für immer auf«, sagte Ferdinand und lächelte schwach.

»Na ja, was heißt für immer? Korrekt wäre es, wenn du sagst, dass du es bis jetzt aufgegeben hast. Vielleicht fängst du ja morgen wieder an.«

»Das wäre dann etwa 60 Jahre später.«

»Gut Satz will Weile haben, Ferdinand.«

Das »Cafè de l'Òpera« ist das schönste und wahrscheinlich auch älteste Café an der Rambla. Das Interieur, die Atmosphäre und die lässige Professionalität der Ober kommen dem Wiener Kaffeehaus sehr nahe. Aber man darf nicht rauchen. Wir setzten deshalb vor der Tür unser Gespräch fort. Auch ich hatte mit 17 so ziemlich alles aus dem Clan der Existenzialisten gelesen, aber nicht, weil es mich interessierte, sondern weil es Mode war. Ich saß mit den richtigen Büchern in den richtigen Lokalen und hoffte, dass es jemand bemerkte. Weil Ferdinand so höflich ist, versuchte er, die Missbilligung meines Leseverhaltens in seinem Blick zu verschleiern, aber es gelang ihm nicht zu 100 Prozent, der Schleier verriet ihn.

»Nur ein Buch hatte mich wirklich gepackt«, sagte ich, um nicht ganz wie ein Depp dazustehen. »›Das Spiel ist aus‹ von Sartre. Kennst du es?«

Nein, das kannte er nicht.

Es war Zeit für eine zweite Zigarette. Bis zur dritten erzählte ich ihm die Kurzfassung der Geschichte. Ein Revolutionär wurde erschossen. Er musste daraufhin zum Amt für Tote, um sich aus dem Leben ausstempeln zu lassen. Danach ging er zur Hintertür hinaus und trat auf eine Straße, die fast so aussah wie seine Straßen vorher. Meinetwegen wie La Rambla. Aber keine Menschen flanierten auf ihr. Nur noch Geister, nur noch Schatten, nur noch traurige Erinnerungen von irgendwem bewegten sich auf der Chaussee der Toten sinn- und ziellos hin und her. Wenig später lernte der tote Revolutionär eine tote Schönheit kennen, und beide fanden schnell heraus, dass sie füreinander geschaffen gewesen wären. Sie war die Frau seines Lebens, die er aber lebend nie getroffen hatte. Da war offensichtlich etwas schiefgelaufen, und das konnte nur ein Versehen sein. Für solche Fälle gab es im Amt der Toten ein Reklamationsbüro. Sie suchten es auf, beschwerten sich und bekamen recht. Beide durften wieder zur Vordertür hinaus und noch mal leben. Sie liebten sich, wenn ich mich recht erinnere, nur einen Tag und einen Abend lang, dann klingelte das Telefon, und ein Revolutionskumpel rief zu einer Demonstration. Die Frau versuchte mit all den Mitteln, die einer Frau zur Verfügung stehen, ihren Geliebten daran zu hindern, aber er bestand darauf, dass ein Mann tun muss, was ein Mann tun muss, und wurde auf der Demonstration ein zweites Mal erschossen.

»Ach«, sagte Ferdinand, »ich kenne das Buch doch. Ich habe es auf Französisch gelesen. Da hat es einen anderen Titel: ›Les jeux sont faits‹, ›Die Würfel sind gefallen‹. – Aber ich glaube, du musst langsam los, wenn du dein Flugzeug nicht verpassen willst.«

Um ehrlich zu sein, jetzt hätte ich es gern verpasst. Wir standen schon eine ganze Weile vor dem »Cafè de l'Òpera«, und ich hätte das auch noch eine ganze Weile länger gekonnt, denn einfach nur so herumzustehen, mit der Wintersonne im Gesicht, dem vollen La Rambla- Programm im Blick und einem knallblauen Himmel obendrüber, ist das Ziel jeder Reise, denn es bedeutet, dass man angekommen ist. Ich machte mich dann trotzdem auf den Weg, weil es eigentlich egal ist, ob man bleibt oder weiterzieht, solange man es genießt, auf den Straßen der Lebenden zu gehen.

Wiedersehen mit Khalil el Maula II

Beirut

Das Einzige, was uns möglicherweise in Beirut zum Glück fehlt, ist die Musik von Rory Gallagher. Im alten Benz durch zerschossene Häuserschluchten rollen, mit diesem wunderbaren Mittelmeerlicht, das über die Wunden fließt, und dazu harter irischer Rock'n'Roll. Die Stadt sieht zwei Jahre nach Beendigung des libanesischen Bürgerkriegs aus, als wären Feuersbrünste, Stahlgewitter und alle Reiter der Apokalypse über sie hergefallen. Mit einer Einschränkung. Kein Krieg aus der Luft. Kein Bombenteppich, der alles plattmacht. Die Bausubstanz steht noch, das Rückgrat der Stadt ist nicht gebrochen, es erstaunt den Laien immer wieder, wie viel Zement zu ertragen fähig ist.

Es dauert natürlich eine Weile, bis man das romantisch findet.

Soll ich von den weggefetzten Fassaden berichten, den Wohnungen ohne Außenhaut, mit freiem Blick auf Küche, Klo und Kinderzimmer? Soll ich von den Einschusslöchern erzählen? Was sagt man von den Sternen am Himmel? Unzählige sind es. Und es wäre ein Telefonat nach Hollywood wert. Ridley Scott würde weinen in Beirut und »Blade Runner« noch mal drehen. Real existierende Science-Fiction vom Ende der Zivilisation. Einfach die Kamera drauf und Harrison Ford von der Leine lassen. Oder Bruce Willis oder Sly Stallone. Und dazu, wie gesagt, Heavy Blues. Ich liebe den Film jetzt schon. Ich mag Beirut im Jahr des Herrn 1992. Frag mich keiner, warum.

Normalerweise würde ich sagen, ich will in der Ferne entweder einen schönen Strand oder schöne Kaffeehäuser. Aber hier ist grad nichts normal. Einmal ging ich mit Badehose an den Strand und fragte den nächstbesten deutschsprachigen Palästinenser, wie sie es mit den Abwässern der verbliebenen 500 000 Einwohner halten würden. »No problem«, sagte er. »Wenn der Wind von Süden kommt, gehen wir möglichst weit links in der Bucht baden, kommt er von Norden, bleiben wir rechts.«

Und die Kaffeehäuser? Man stellt Tische, Stühle und Sonnenschirme zwischen den Ruinen, Sandsackburgen und verbliebenen Maschinengewehrstellungen auf, die Espressomaschinen blubbern in den Kofferräumen alter VW-Bullis, der Tee ist zu süß, die Cola zu warm, und die Luft, die wir atmen, ist so kaputt wie die Auspufftöpfe, aus denen sie zu kommen scheint. Zwei Jahre nach Beendigung des Bürgerkriegs steigt der libanesische Phönix aus der Asche auf, und das Erste, woanach er schreit, sind alte Autos aus Deutschland. Weil sie Hitler und Mercedes lieben. Fragt man bei uns im Gebrauchtwagenmilieu herum, kann man schnell erfahren, dass einige Benz-Baureihen fast völlig vom libanesischen Markt aufgesaugt sind. Der Strich-Achter, die 123er-Serie, geniales deutsches Ingenieurwesen. Wie Baukästen konstruiert. Jedes Teil problemlos auswechselbar. Und genau das tun sie. Kaufen unsere Schrottplätze leer, zerlegen die Karren in 1000 und 1 Wiederverwertbarkeit und schiffen die übers Mittelmeer.

Die andere Triebkraft des nach vorne peitschenden libanesischen Bruttosozialprodukts ist der Sextourismus. Beirut wurde vor dem Bürgerkrieg gern und auch euphorisch das Paris des Ostens genannt. Prachtvolle Universitäten, Casinos, Kabaretts, Peter Scholl-Latour hatte hier studiert. Muss man noch mehr sagen? Jetzt machen sie ihr Paris wieder auf, aber es sieht so aus, als würde Bangkok daraus.

Die Miezen-Oase schlechthin, für alle, die in der Wüste leben. Für alle Saudis, Kuwaitis, Bahrainis und Emiratis, die übers Wochenende mal ganz schnell um die Ecken gehen müssen. Das hat natürlich auch grobe Nachteile.

Da kommt man in ein Nachtlokal und findet eine halbe Hundertschaft richtig schöner Frauen, richtig schön angezogen, mit alpinen Dekolletés und weißblonden Haaren. Aha, denke ich, sie haben ihre Huren eingefärbt, das steht den Libanesinnen gar nicht schlecht. Und dann harrt eine ganze Reihe Überraschungen meiner. Zunächst die Tischsitten. Es ist nicht erlaubt, die Damen zu grüßen, es sei denn, man spendiert ihnen ein Getränk. Und den Damen ist es nicht erlaubt, etwas anderes zu trinken als Champagner, flaschenweise, für 120 US-Dollar Als Nächstes fällt auf, dass es sich weder um Champagner noch um Damen handelt, sondern um Sekt und schwarze Löcher. Das macht 240 USD für ein 10-Minuten-Gespräch.

Sie heißt Helena, und sie kommt aus Bukarest. Und ihre Freundin heißt Dana und kommt auch aus Bukarest. Die Freundin am Nachbartisch heißt Susan, die stammt aus Sofia, die daneben nennt sich Lili, und sie ist in Belgrad zu Haus. Rumäninnen, Bulgarinnen, Serbinnen, das ist die eine Hälfte des Ladens, die anderen sprechen russisch. O wie schlau, aus Deutschland holen sie sich die Autos, aus Osteuropa die Frauen, aber die nicht in Einzelteile zerlegt. Ich glaube, ich weiß jetzt, was mir an den Libanesen so gefällt. Ihr Humor. Den Club mit den durchgehend weißblonden Mädchen nennen sie »White Horse«, der Laden mit den rüdesten Preisen heißt »Dr. Dollar«, und im »Heaven & Hell« ist das Koks-Klo. Jeder Taxifahrer bietet Kokain an. In jeder Menge und bester Qualität, zu 50 USD das Gramm. Und die Toilettenfrau klopft dreimal an der Tür, wenn die Polizei erscheint, und will nur fünf Dollar Trinkgeld dafür.

Das Volk, das wir seit 1926 Libanesen nennen, galt schon im Altertum als besonders gerissen. Damals hießen sie Phönizier. Danach rollten zahlreiche inspirierende Eroberungen und Einwanderungswellen über sie hinweg. Die Armenier, Hebräer, Kurden und Ägypter, die Griechen und die Türken, volles Rohr die Araber sowie, ziemlich spät, die Franzosen. Libanesen sind deshalb vielsprachig, geschäftstüchtig, lebenslustig, tolerant und gefährlich im Straßenverkehr. Einem BMW-Fahrer wurde neulich auf der Hauptgeschäftsstraße Beiruts von einem 500er Mercedes die Vorfahrt genommen. Sofort sprang der Entrechtete aus seinem Wagen, riss die MP hoch und durchlöcherte mit drei, vier kurzen Feuerstößen den Benz.

Libanesische Manieren, herübergerettet aus dem Bürgerkrieg. Fünfzehneinhalb Jahre lang haben zwei christliche und drei moslemische paramilitärische Milizen aufeinander eingedroschen, dazu die 8000 Krieger des Drusenfürsten Walid Dschumblat, die PLO mit Arafat, die PLO contra Arafat, diverse Privatarmeen, die Israelis, die Syrer, und aus Teheran kam jener Musa as-Sadr mit 300 Mann, der zunächst im Libanon die schiitische Amal-Miliz (Amal heißt Hoffnung) ins Leben rief und dann in Libyen spurlos verschwand. Weil er, wie man sich in Beirut erzählte, Gadaffi beim Kartenspiel betrogen hat.

Wer nun als Erster den Apfel der Zwietracht in die bis dahin friedlich multikonfessionelle Gesellschaft gerollt hat, wissen sie selber nicht mehr. Legenden entstehen. Ein libanesischer Arzt wollte mir im Ernst erzählen, die Palästinenser hätten zuerst ein paar Moslems umgebracht und den Leichen Kreuze auf die Brust geschnitten, was die Moslems zur Raserei gebracht habe. Dann hätten die Palästinenser ein paar Christen kastriert, das habe die Maroniten, die Griechisch-Orthodoxen, die Jakobiten und die Katholiken aufgebracht, der Drusenfürst sei die Berge runtergekommen, weil die PLO das Gerücht verbreitet habe, er werde in Offizierskreisen der libanesischen Armee als Tunte verlacht, und zwischen den islamischen Großsekten der Schiiten und Sunniten Unfrieden zu stiften sei nun wirklich für niemanden ein Problem.

Über 15 Jahre war also in Beirut der Teufel zu Haus, dann kamen die Syrer mit 20 000 Soldaten und 800 Panzern und trieben ihn aus. Entwaffneten, wer sich ergab, erschossen den Rest. Und jetzt verstehen sich plötzlich wieder alle. Bummeln am Wasser zum Sonnenuntergang, Palmen flüstern, Mädchen kichern, Kinder wollen Schokoladeneis. Und hin und wieder machte es BUMM, und dann wackeln die Häuser. Das sind die Israelis. Die machen 50 Kilometer südlich von Beirut gerade 72 libanesische Dörfer platt. Doch als es dann noch mal BUMM macht, wackelt nur die Tür, und wir hoffen schwer, dass nicht der Drogenbaron in Pension vor der Tür steht, den wir gestern im Beeka-Tal kennengelernt und dem wir vom »White Horse« erzählt haben. Sein Name war Khalil el Maula. Die Hoffnung trügt. Er ist es, mit einer Flasche Whiskey und einer Flasche Wodka als Gastgeschenk. Er will mehr oder weniger sofort zu den weißblonden Huren und außerdem noch mal vernünftig mit uns reden.

Der Zufall hatte uns im Beeka-Tal zusammengeführt, aber Khalil el Maula glaubte nicht an Zufälle. Er glaubte, wir wollten im großen Stil Drogen kaufen, wie das im Beeka-Tal üblich ist, und er wollte raus aus dem Ruhestand, sonst würde er, wie er sagte, seinen Bauch nie loswerden. Ich wiederum hielt es nicht für angebracht, ihm zu gestehen, dass ich ein Journalist bin, denn ein bewaffneter Hisbollah-Mann saß mit zu Tisch in Khalil el Maulas Haus. Der glaubte auch nicht an Zufälle. Wir kamen mit einer Halbwahrheit aus der Klemme raus. Ich sagte, mein Freund Pit und ich seien Investoren-Scouts, die sich für deutsche

Geschäftsleute im neu erwachten Nachtleben von Beirut umgeschaut hätten und nach getaner Arbeit nun ein bisschen mit dem Taxi durch die Berge gondelten. Außerdem seien wir Kiffer und wollten kiffen, und der Taxifahrer habe gemeint, dass er in der Nähe jemanden kenne, der genauso viel kiffe wie wir. So seien wir in sein Haus gekommen, dem größten in diesem Hisbollah-Dorf. Alles ziemlich irre, und obwohl der Kiffer-Teil meiner Erzählung stimmte, glaubte er das am wenigsten, und das andere glaubte er auch nicht, aber es schien ihn auch nicht mehr zu interessieren. Khalil el Maula wollte nur noch von den Frauen im »White Horse« hören. Ob sie wirklich alle blond seien. Nachdem ich das bestätigt hatte, verabredete er mit uns einen zeitnahen gemeinsamen Besuch des Lokals.

Wir fanden das schon gestern keine gute Idee. Und heute finden wir sie kein Stück besser. Er ist also tatsächlich die Berge runtergekommen und sitzt jetzt auf unserem Balkon im »Carlton«. Das Hotel steht direkt am Strand von Beirut und war mal sehr teuer, aber augenblicklich geben sie Rabatt, weil fünf Stockwerke noch zerschossen sind, nur eins ist renoviert. Und Khalil el Maula fängt nach dem ersten Schluck Whiskey natürlich sofort wieder damit an.

»Also, was nun? Heroin oder Kokain? Und wie viel? 10 Kilo, 100, eine Tonne? No problem. Wie ich schon sagte, wir bringen es bis Warschau. Da übernehmt ihr.«

»Khalil, zum letzten Mal, wir wollen und werden nicht den Krieg der Hisbollah gegen Israel mitfinanzieren. Wir sind keine Großdealer. Wir sind nicht mal kleine.«

»No problem, ich mache nur Spaß. Ich bin ja nur wegen den Blondinen hier. Ich habe so lange keine mehr gesehen.«

»Das sind keine echten Blondinen, Khalil.«

»No problem.«

»Und auch nicht immer echte Titten.«

»No problem.«

Er hat ja recht, das sind alles keine Probleme. Deshalb verlassen wir wenig später angetrunken und angekifft das Hotel und fahren mit seinem Beulen-Toyota auf der Stadtautobahn zu der Vorstadt, in der alle Nachtclubs sind. Sie heißt Jounieh, und als wir am »White Horse« angekommen sind, fangen, wie ich vermutet hatte, sofort die echten Probleme an. Jounieh ist eine Hochburg der Christen, die Türsteher des Clubs sind vor nicht langer Zeit christliche Milizen gewesen, und Khalil el Maula kommt aus dem Beeka-Tal, der Hochburg der Hisbollah. Todfeinde während des Bürgerkriegs, so sieht man sich wieder, und weil die christlichen Türsteher bewaffnet und in der Überzahl sind, sollte man da als Moslem eher die Klappe halten. Khalil el Maula reißt sie aber auf, als stünde eine Armee hinter ihm. Doch da sind nur Pit und ich. Was heißt »nur«. Ich kläre mit Bakschisch die Missverständnisse, und wir sind drin.

Da geht's gleich weiter. Die Preise, die Sitten, die Champagner-Löcher. Khalil kann nicht glauben, dass die Mädchen so schnell trinken, er glaubt vielmehr, der Barkeeper leere die Flaschen aus, während er selbst an seiner Blondine klebt. Möglich wäre es. Die Flasche steht nicht bei Khalil auf der Theke, sondern dahinter, und der Keeper schenkt auf Verlangen nach. Ich bitte Khalil, sich zu beruhigen, denn ich werde die Rechnung übernehmen, aber das regt ihn nur noch mehr auf. Er ist ein Mann von Ehre, er lässt nicht zu, dass seine Freunde von Christen betrogen werden. Mir ist das komplett egal, der »Spiegel« muss die Party bezahlen. »Es geht sowieso auf Spesen, Khalil«, sage ich, aber jetzt wird's eine Frage des Prinzips. Wie wir das sähen, sei unsere Sache, aber Khalil el Maula lässt sich nicht von Christen verarschen.

Schlechte Nachricht: Wir werden rausgeworfen. Gute Nachricht: aber nicht erschossen. Flüche, Beschimpfungen und Massaker-Ankündigungen werden hin und her geworfen, bevor wir Khalil endlich wieder in seinem Schrott-Japaner haben und zurück gen Zentrum brausen.

Leider gibt es Menschen, die nicht damit aufhören, einen in die Scheiße zu reiten. Khalil fährt nicht über die Stadtautobahn, sondern will uns eine Abkürzung zeigen, die er von früher kennt. Sie sei nicht nur kürzer, sondern auch schöner. Das mag früher gestimmt haben, mittlerweile hat sich da einiges getan. Die Straße führt durch ein Viertel, das sich uns vom libanesischen Wiederaufbau gänzlich unbefleckt präsentiert. Nur Ruinen, keine Bewohner, alle Autos am Straßenrand ausgebrannt. Das einzige intakte wie bemannte Fahrzeug, das wir zu Gesicht bekommen, ist ein Panzer. Straßensperre. Zwei Soldaten der regulären libanesischen Armee halten uns mit Maschinengewehren an. Unser Freund wird wieder laut. Warum, Khalil? Weil die beiden Sunniten sind. Und er gehört zu den Schiiten.

Einer der Soldaten geht nun zu dem Panzer, um dort mit jemandem zu besprechen, wie es weitergeht, der andere bleibt am Wagen. Erst als der Panzer sein Geschützrohr zu uns dreht und sich unser Bewacher aus der Schusslinie entfernt, wird Khalil el Maula endlich still.

Frühling in Sarajevo

Bosnien

»Ich will eine Strumpfhose.«

»Du willst was?«

»Eine Strumpfhose, Papa. Es ist Frühling, und ich will raus.«

»Und ich will ein Cabriolet. Ich glaube, du tickst nicht richtig. Sollen wir einen Monat Wasser trinken, damit du deine Beine zeigen kannst?«

Prinzipiell ist das eine gute Frage. Helenas Beine sind so was wie das Wahrzeichen der Familie Simić. Von der Linie mütterlicherseits. Die würden sogar in Paris auffallen. Dass Sarajevo die schönsten Frauen Europas hat, ist ja bekannt. Aber Helenas Beine, die kennt man noch nicht. Weil sie immer nur Hosen trägt. Und jetzt scheint die Sonne. Die Plastikplanen der UN lassen sie wie Milch durch die Fenster fließen. Direkt in den Kaffee. Und natürlich weiß Helena, dass sie dummes Zeug redet.

Eine Strumpfhose kostet auf dem Schwarzmarkt mindestens 50 Mark. Und sie ist keine Mafiabraut. Sie hat keinen Dealer zum Freund, keinen Schutzgelderpresser, keinen Zuhälter.

Helena ist 22, und sie ist sauber. Und sie weiß, dass ihr Bruder an der Front umgerechnet zwei Mark Sold im Monat bekommt. Und ihr Vater gar nichts. Und ihre Mutter ist eine Zauberin, die aus UN-Beständen seit zwei Jahren jeden Morgen so etwas wie Frühstück macht. Sie haben Weißbrot, sie haben Käse, sie haben sogar Thunfisch aus Italien und Marmelade von Dr. Oetker, Bielefeld. Aber keine Strumpfhose.

»Sie ist ein Mädchen, Papa, mit Logik kannst du ihr nicht kommen.«

Das war Jovan. Drei Jahre älter als seine Schwester. Soldat und Musiker. Gitarrist. Sein Traum ist eine Fender Stratocaster. Und die legendäre E-Gitarre ist noch ein bisschen weiter weg als der Traum von ein bisschen Nylon für Helenas Haut. »Ein Mädchen, Papa, verstehst du das denn nicht?«

Natürlich versteht Valeo Simić es, und sie wissen, dass er es versteht. Der Krieg kann Familien zerstören. Und er kann Familien zusammenbringen.

Als sie im Winter alle Möbel verfeuert hatten, um nicht zu erfrieren, den Schreibtisch, die Schränke, Bettkommoden, und nur noch ein Küchentisch übrig war und vier Stühle, da hat der ehemalige Literaturprofessor Simić tatsächlich den größten Teil seiner Bibliothek geopfert. Sein Fachgebiet ist die amerikanische Literatur. Hemingway hat er zuerst verbrannt, dann Faulkner, dann Edgar Allan Poe. Dann hat die Familie eingegriffen. Den kurzfristigen Wahnsinn gestoppt. Seit dieser Nacht lieben sie den Vater noch ein bisschen mehr.

Frühstück in Sarajevo. Radio 99 treibt mit Heavy Metal die Jungs in die Stiefel. Jovan hat frei. Morgen auch noch. Er muss erst am Wochenende wieder an die Front. Es ist so gegen elf Uhr morgens, die beste Zeit, um einen Joint zu rauchen. Er steht auf und geht. Und hat zwei Tafeln Schokolade mitgenommen.

Draußen haut ihm der Frühling ein Lächeln ins Gesicht. Wird auf der Stelle korrigiert. Jovan ist cool. Lächeln hält er für schwul. Und er setzt nie die Sonnenbrille ab. Draußen, drinnen, nicht mal im Dunkeln. Wer in Sarajevo männlich ist und über die Pubertät hinweg, geht lieber nackt als ohne

Sonnenbrille. Das hat weniger mit der Angst zu tun, die in den Augen lauert und versteckt werden soll, das ist einfach nur Mode. Warum, weiß niemand. Gottgewollt. Die Indianer tragen Adlerfedern, die Bosnier Ray-Ban. Falsche in der Regel. Jovans ist echt. Ein Geschenk seiner Freundin. Und die hat sie von einem deutschen Journalisten. Und wenn Jovan da jetzt nur zwei Takte weiterdenkt, dann hat er wirklich 'nen Grund, das Lächeln zu vergessen. Erst mal einen rauchen.

Das »B & S« (die Initialen stehen für »Brothers and Sisters«) ist eine Mischung aus Bar, Kaffeehaus und Nachbarschaftshilfe. Nicht ganz öffentlich, nicht ganz privat. Eine Clique hat sich hier ihren eigenen Hangout geschaffen. Zwei Räume, eine Theke, Sessel zum Knutschen, best music in town. In der Tat, es lief Nirvana, als Jovan das »B & S« betrat. »Smells like Teen Spirit.« Außerdem roch's nach Rotem Libanesen.

Das Angebot an Haschischsorten ist in Sarajevo genauso willkürlich wie das der Lebensmittellieferungen der EG. Niemand weiß, was es am nächsten Tag zu dröhnen gibt. Man weiß nur, was es kostet. 40 bis 50 Mark für ein Gramm. Gras ziehen sie auf ihren Balkonen und in den Vorgärten selbst hoch. Aber es taugt nicht viel. Es ist noch schlechter als das Haschisch, das die Mafia bis zum Gehtnichtmehr streckt. Eingeflogen aus Split, zwischen den Hilfsgütern versteckt, oder es wird über die Linien gebracht. An Morphium ist einfacher ranzukommen. Da braucht man nur in eine Apotheke zu gehen und zu sagen, dass der Bruder 'ne Schusswunde hat und den ganzen Tag schreit. Und das stimmt ja auch meistens. Morphium oder etwas Heptanon auf Zucker. Das wirkt wie Heroin. Eine Stadt, in der die Menschen seit zwei Jahren wie Karnickel abgeschossen werden, braucht Drogen. Das ist doch klar. Eine Stadt, die feiern will, auch.

Sarajevo feiert dieses Jahr den Frühling und den Frieden zugleich. Die Serben schießen nicht mehr. Nicht mehr so viel. Wenn Hoffnung und Sonne zusammenkommen, stellt man die Tische und die Stühle vor die Tür. Schöne Mädchen setzen sich drauf. Trinken Milchkaffee. Lassen die Haare wehen.

Als Jovan mit dem Minipiece Rotem Libanesen nach draußen geht, sieht er Jasmina bei den anderen Mädchen sitzen. Und kriegt den üblichen Schock.

Seine Freundin ist ein dunkler Typ. Schwarze Haare, nicht lockig, aber voll, orientalische Augen. Ein wenig schräg stehend, wie bei Katzen. Und ihre Figur sieht aus, als hätte ein schwuler Bildhauer sein Meisterwerk damit abgeliefert. Als Jasmina sich das erste Mal für Jovan ausgezogen hat, wollte er es nicht glauben. Wie kann eine Taille so schmal und ein Busen so groß sein. Von da an war er ihr verfallen. Glücklicherweise sie ihm auch. Unglücklicherweise gibt es trotzdem Probleme. Jasmina geht auf die Modeschule von Sarajevo. Jasminas Träume laufen auf den Modeschauen von Paris, Mailand und Rom. Jasmina will raus. Jovan will auch raus. Alle wollen raus. Aber ein Mädchen wie sie hat sogar eine Chance.

Seit einer Woche reden sie über nichts anderes mehr. Warum soll das an diesem Morgen anders sein. Entschuldigung, es ist kein Morgen mehr. Es ist fast Mittag. Jovan setzt sich neben sie und dreht seinen ersten Joint. Zeit, sich zu schämen. Die Eifersucht nimmt ihren Lauf. Sie hat ein so verdammt hübsches Röckchen an. So verdammt neu. Und das gibt's verdammt noch mal nicht in Sarajevo.

»Er ist wieder da, ne?«

»Ja.«

»Seit wann?«

»Er ist gestern aus Ancona gekommen. Mit den Hilfsflügen.«

»Verdammte Scheiße, die UN soll was zu fressen rüberbringen und keine Freier.«

»Jovan, Jovan, komm mal runter. Entspann dich doch mal. Er ist kein Freier.«

»Ich weiß, er ist Journalist. Warum bleibt er nicht in Deutschland, wenn er Frauen anmachen will?«

»Er macht mich nicht an, Jovan. Und selbst wenn er es täte, wäre es sein Problem. Ich steh nicht auf ihn. Ich steh auf dich. Er ist ein Freund, Jovan, vielleicht nicht mal das. Mein Gott, der Mann kennt die besten Fotografen aus ganz Europa. Der hat Kontakte zu Agenturen. Der will mir helfen, Jovan, h-e-l-f-e-n.«

»Und wie hilfst du ihm?«

Das Mädchen wird sauer. So reagiert sie immer, wenn man sie eine Hure schimpft. Und tief in ihrem Inneren, in diesem Seelenloch, wo die weibliche Intuition zu Hause ist, da fragt sich Jasmina die ganze Zeit selbst, wo eigentlich genau die Prostitution beginnt. Und wo sie aufhört. Die Ausreisebestimmungen der UN sind ziemlich rabiat. Denen reicht nicht mal ein Agentenvertrag. Sie müsste den Typen heiraten, um rauszukommen. Das will sie nicht. Niemals. Aber ihre Träume aufgeben will sie genauso wenig. Niemals. Das ist, grob gesprochen, ihr Konflikt. Darum raucht sie mit. An diesem Mittag holt Roter Libanese Jasmina und Jovan aus der Scheiße raus.

Und so scheiße ist es ja auch gerade nicht. 25 Grad im Schatten. Vöglein zwitschern überall und suchen ihre Bäume. Die meisten Bäume sind nicht mehr da. Auch verfeuert. Aber die, die noch stehen, die schlagen jetzt aus. Die blühen, wie überall im Süden Europas. Und Kinder spielen. Was sonst? Zwei Jahre lang durften sie kaum aus dem Haus raus. Hyperventil toben sie durch die Sonne, als wenn es kein Morgen gäbe. Auch die Hunde sind plötzlich besser drauf.

Die Kaffeehäuser sind voll, Eis wird verkauft, Liebespaare bummeln zwischen alten Häusern im Habsburger Stil. Jovan geht am Fluss entlang, der Miljacka, die in Sarajevo die bosnische Seite von der serbischen trennt. Im Grunde ein Spaziergang, der selbst im Frühling nicht zu empfehlen ist. Am Fluss haben die Scharfschützen vom anderen Ufer ihre meisten Opfer geholt. So lange ist das noch nicht her. Aber wenn aus der Liebe langsam Kummer wird, interessiert das nicht so sehr.

Außerdem, wir sagten es bereits, ist Jovan cool. Und seine Ray-Ban ist es auch. Grüne Gläser. Machen kristallines Licht. Er hat Jasmina wütend und traurig zugleich am Kaffeehaustisch zurückgelassen, um zum Schwarzmarkt zu gehen. Vorbei an der alten Kathedrale, vorbei an der Moschee. Ja, denkt Jovan, das ist die Lage. So 'n Scheiß tut immer weh.

Er findet seinen Mann in den alten Markthallen, wo man für Geld alles kriegen kann. Der Händler ist klein, mit langen Koteletten, Jovan mag ihn nicht. Er hat Orangensaft der Marke Punica auf dem Tisch, für 15 Mark, er hat Zigaretten, die ganz billigen, die sie in Sarajevo machen und deren Packungen aus Buchseiten sind, die etwas teureren Marlboro-Imitationen und die ganz teuren echten, für etwa zehn Mark pro 20 Stück. Er hat vier Eier und einen Rasierapparat, eine Sony-Gettoblaster, und eine Strumpfhose hat er auch. Nagelneu, fabrikverpackt. Der Händler hat vor drei Wochen von einem Rotkreuz-Mitarbeiter zwei Koffer voller Reizwäsche gekauft. Strapse für Sarajevo. Selten hat er ein so gutes Geschäft gemacht. Die Strumpfhose ist der Rest vom Schützenfest.

Jovan bietet ihm die zwei Tafeln Milka-Schokolade zum Tausch dagegen an plus eine Schachtel original Marlboro und, weil der Händler darüber lacht, auch noch eine Bon-Jovi-Kassette. Er würde sie von zu Hause holen.

Der Händler fühlt sich verarscht.

»Das ist keine Socke, Mann, das ist eine Feinstrumpfhose. Mailänder Modell. Dafür würden manche Frauen sich zur Not hingeben. Und wer, zur Hölle, ist Bon Jovi?«

Nein, der Händler weiß, was er will. Er weiß genau, was er will.

Ein Frühlingstag in Sarajevo.

Und das sind die Meldungen der Pressagenturen an diesem 4. Mai 1994:

Bonn/Sarajevo (dpa) – Eine Luftwaffenmaschine mit dem neuen deutschen Botschafter für Bosnien an Bord ist am Mittwoch beim Landeanflug auf Sarajevo mit Handfeuerwaffen beschossen worden. Das Flugzeug wurde am Höhenleitwerk und an den Landeklappen getroffen, blieb aber flugtauglich.

Sarajevo/Zagreb (dpa) – Neue Kämpfe an bosnischen Frontabschnitten. Rund um die eingekesselte Moslem-Enklave Bihać lieferten sich moslemische und serbische Truppen heftige Gefechte. Die Serben setzten sporadisch schwere Artillerie an.

Sarajevo/Zagreb (dpa) – Serbische Truppen blockieren weiterhin einen Konvoi mit 168 UNO-Soldaten.

Sarajevo/Zagreb (dpa) – Die UNESCO wird der bosnischen Hauptstadt beim Wiederaufbau der zerstörten Universitätsbibliothek finanziell unter die Arme greifen.

Sarajevo/Zagreb (dpa) – Der bosnische Präsident zeigte sich im Hinblick auf befürchtete schwere Kämpfe in Nordbosnien von der Kampfkraft der Regierungstruppen überzeugt. »Ich finde, die Moral ist sehr gut – wir haben nichts zu befürchten.«

Sarajevo/Zagreb (dpa) – Der UNESCO-Generalsekretär nahm in Sarajevo an der Enthüllung einer Plakette zum Gedenken an die über 40 Journalisten teil, die seit Ausbruch der Kämpfe ums Leben gekommen waren. Zuletzt waren im Süden Bosniens am vergangenen Wochenende zwei amerikanische Journalisten durch eine Minenexplosion getötet worden.

Das waren die Meldungen des Tages. Jetzt die Meldungen der Nacht. Die fängt früh an in Sarajevo, weil sie früh zu Ende ist. Ausgangssperre ab 22 Uhr. Darum machen alle Bars, Klubs und Diskotheken spätestens um 18 Uhr auf. Ein gutes Dutzend dieser Läden gibt es. Das ist ein gutes Dutzend mehr als im serbischen Teil der Stadt. Die haben dergleichen überhaupt nicht. Aus Tradition. In Sarajevo sagt man, das sei der eigentliche Grund für den Krieg. Schon immer gab es in Sarajevo die Kultur, die Musik, den Spaß. Das Amsterdam des Balkans. Für die Serben so etwas wie Anarchie. Bauernkultur gegen Stadtkultur. Ein faschistischer Krieg. Im serbischen Teil der Stadt ist tote Hose, wenn die Sonne untergeht. Die Bosnier feiern ab.

Die Struktur des bosnischen Nachtlebens unterteilt sich in Läden für die Mafia, für die Intellektuellen und Grunge. Getrunken wird Sarajevsko Pivo, das grässlichste Bier des Balkans, und wer es sich leisten kann, geht mit Johnnie Walker durch die Nacht ins »Staro-Sarajevo«. Über einen Hinterhof kommt man rein.

Der Türsteher ist schwer bewaffnet, hinter der Tür sitzen Soldaten und spielen Karten. Dann die Treppe runter. Es ist heiß, verraucht, und es stinkt nach Schweiß und Haschisch und billigem, manchmal teurem Parfüm. Musik: Hardrock. Publikum: Waffenschieber, Schutzgelderpresser, UN-Mitarbeiter, Offiziere, viele Frauen und viele Journalisten. Der, auf den Jovan eifersüchtig ist, der Deutsche, der gestern in die Stadt zurückkam, steht mit Jasmina an der Theke.

Er ist glücklicher als sonst. Er ist tatsächlich verliebt. Und will sie mitnehmen. Mit einer Frau wie ihr hat er auf der ganzen Welt gute Karten. Er ist jetzt bereits das fünfte Mal in Sarajevo. Hat schnell gelernt. Am Anfang ging er noch ins »Mango«, den Puff der Stadt. 25 Mark kostet da die

Frau. Und Präservative muss man selbst mitbringen. Jasmina wird teurer. Aber sie ist wahr. Glaubt er. Der Mann erlebt die klassische Frontromantik. Großer Krieg, große Liebe, großer Irrtum. Dass sie einen Freund hat, stört ihn nicht. Sie haben doch alle Freunde, oder?

Der Freund sitzt ein paar Straßen weiter in der »SOS-Bar«. Musik: dieselbe. Publikum: jünger, mehr Baseballkappen, mit dem Schirm nach hinten gedreht. Jovan weiß, wo und mit wem seine Braut ist. Das macht ihn durstig. Eigentlich wollte er rübergehen und dem Typen was auf die Fresse hauen. Aber er ist zu müde dazu. Besoffen, bekifft und betrogen. Auf diese bescheuerte Art betrogen, bei der man alles mitkriegt, selbst das, was noch gar nicht ist, sitzt er in der »SOS-Bar« im Sessel und starrt die Decke an. Eine Lichtorgel aus Vorkriegsbeständen malt rote Flecken drauf.

Noch ein Bier, dann geht er allein nach Hause. Er gewöhnt sich langsam daran.

Eine laue Frühlingsnacht in Sarajevo. Sie ist schön.

Autos, die sie stören könnten, gibt's ja fast nicht mehr. Und die Straßenbeleuchtung funktioniert noch immer nicht. Was an Licht auf die Straße fällt, kommt von den Sternen und vom Mond. Viel Mond in dieser Nacht, wenig Wolken. Ist es dasselbe, was die Serben oben in den Bergen sehen?

Helena, die Schwester von Jovan, steht im Mondlicht vor der Tür des »Mango«, eine Freundin abholen. Die arbeitet seit drei Monaten in dem Puff. Helena will es ihr auf keinen Fall nachmachen. Sie ist nur neugierig. Sie ist ein Mädchen, wir hörten es schon.

Jasmina wird von dem Journalisten nach Hause gebracht. Sie geht schnell, er redet um sein Leben. Quatscht sie voll. Von Paris, Rio und dem Sand von Miami Beach. Als er den Arm um sie legt, entzieht sie sich ihm nicht.

Aber sie wird steif und traurig. In Sarajevo under the cherry moon.

Nur drei Straßen weiter schaut Jovan beim Gehen in den Himmel. Irgendwie erfasst sein besoffener Kopf zum ersten Mal den Raum, der zwischen ihm und den Sternen ist. Und den Raum dahinter. Da geht was auf Reisen in seinem Geist. Da kommt wer plötzlich raus aus der Stadt. Weit raus. So hat Jovan das noch nie gesehen. Vielleicht, weil er seit langer Zeit zum ersten Mal keine grünen Gläser mehr vor Augen hat. Aber eine Feinstrumpfhose aus Mailand in der Tasche. Der scheiß Schwarzmarkthändler wollte seine Ray-Ban dafür.

Das Palästinensertuch

Überall

Ich war 16, als es in mein Leben kam, wir schrieben den Winter 1968, und was folgt, ist eine Geschichte für meine Enkel. Als Opi nach Indien trampte, nahm er eine Wandergitarre der Firma Höfner, einen Schlafsack (Marke: werd bloß nicht nass), eine Gaspistole (Röhm), 500 Mark und ein Palästinensertuch mit auf die Reise. Das rot karierte. Nicht das blaue. Es erwies sich im Grunde auf allen Etappen bis zur türkisch-iranischen Grenze als nützlich, denn in den Bergen des Balkans, in den Steppen Anatoliens, in den Adlernestern der Kurden, überall war es bitterkalt. Da trugen wir es als Schultertuch über dem Parka oder als monströsen Schal. In der großen Wüste Lot, die sich von Isfahan bis an die Grenzen Belutschistans erstreckt, schützte es dann vor Hitzschlag, Sandsturm und Staublunge, und wir trugen es über dem Kopf und über großen Teilen des Gesichts. In Quetta, bei den Patanen, war es wieder kalt, und in Goa lag es unter den Palmen als Badetuch. Zu Hause wurde es derweil in unseren Kreisen auch gern als Tischdecke, Wandteppich oder zum Geschirrabtrocknen benutzt.

In der Tat konnte sich das Palästinensertuch nur deshalb so leicht in mitteleuropäischen Haushalten als Allzweckdeko durchsetzen, weil es dem gemeinen Spülhandtuch in Design und Material so ähnlich war. Bis heute irritiert es mich, wenn ich Arafat damit im Fernsehen sehe. Ist das ein Staatschef? Oder arbeitet er in der Küche? Auch als

Babywindel wird das Palästinensertuch gerne benutzt. In Jerusalem heißt es übrigens Kufiya. In Damaskus Sülek. Ursprünglich gab es die Tücher nur in Rot und Schwarz. Die blauen und die grünen, die lila- und die türkisfarbenen sind für C&A und Karstadt gemacht und hat's so in der Wüste nie gegeben.

Das Palästinensertuch gehört wie die Fidel-Castro-Kampfkappe und die Ray-Ban von Gaddafi zu dem Teil unserer Garderobe, mit der wir natürlich auch ein bisschen Solidarität anziehen, und nicht nur Mode. Solidarisch mit den Legenden von Mut, Tränen, Blut. Auch die Gandhi-Latschen gehören dazu und die Puschen der Schwarzfuß-Indianer. Sowie die bunten Mützchen der Exiltibeter, die von allen Vertriebenen auf diesem Planeten derzeit die populärsten sind. Weil sie mit dem Dalai Lama den besten PR-Mann, mit dem Buddhismus die problemloseste Religion und mit den Chinesen ein anständiges Feindbild haben. Von den Palästinensern kann man das nicht guten Gewissens sagen.

Tel Aviv während des Golfkriegs. Ich saß im Badezimmer eines alten Mannes, der in Deutschland geboren und gefoltert worden war, nach der Gründung Israels einen Kibbuz aufbaute und später in der Stadt einen Buchladen übernahm. Er hatte das Bad zum Schutzraum der Wohnung erklärt, weil es kein Fenster hatte. Wir trugen Gasmasken, die nicht helfen würden, falls Saddam Hussein Senfgas schickte, weil das Gas die Filter der Masken zerfrisst. Und wir hatten Spritzen dabei, die auch nicht helfen, aber die Schmerzen lindern, wenn man in Krämpfen stirbt. Und jedes Mal, nachdem die Sirenen Entwarnung gegeben hatten, konnten wir wieder Fernsehbilder von Palästinensern in der Westbank sehen, die den Raketen hinterherjubelten. Das gab natürlich einen massiven Abzug an Sympathiepunkten für das Tuch.

Jerusalem, einen Tag später. Ich war mit einer französischen Fotografin in der Medina unterwegs. Ein junger Palästinenser führte uns. Er war so um die 20 Jahre alt und wirkte ziemlich modern. Jeans, T-Shirt, kein Palästinensertuch. Einen wie ihn hätten wir auch in Marseille oder Berlin treffen können. Ich glaube, wir redeten über Musik. Israelische Soldaten stoppten uns. Sie blafften den Palästinenser an. Er stellte sich an eine Wand und rührte sich nicht mehr. Wir fragten ihn, warum sie das machten. Die Soldaten blafften ihn wieder an, und er sagte, es sei ihm ab sofort verboten, mit uns zu reden. Bisher kannte ich israelische Soldaten nur von Goa oder Ko Samui, wo sie nach ihrem Dienst in der Armee für ein oder zwei Jahre landen. Da tanzt man mit ihnen oder sitzt mit ihnen am Tisch und schlabbert Milchshakes. Es irritierte mich, wie sie zu Hause aussahen. Damit meine ich nicht ihre Uniform, ihre Waffen oder ihre kompromisslos versteinerten Gesichter. Mich schockierte vielmehr, was ihr Anblick mit dem Palästinenser machte. Er hatte eine Scheißangst. Er gehorchte aufs Wort. Er war ohne Zweifel längst gebrochen. Das gab dann wieder Pluspunkte für das Tuch, das er nicht trug.

Unterm Strich bedeutet das für mich Neutralität zum politischen Aspekt dieses Kleidungsstücks. Neutralität reicht nicht, um etwas zu tragen, das man ansonsten nicht mehr mag. Und den Leuten, die es immer noch mögen, gehe ich aus dem Weg. Vor allem auf Reisen. Palästinensertuch-Touristen sind nervende Reisebegleiter. Sie feilschen immer um das, was in den jeweiligen Währungen einem Cent entspricht, und gegenüber Taxifahrern haben sie entweder tiefes Verständnis für alles, oder sie wissen alles besser. Und alle sagen dasselbe: Cola ist schlecht, Marlboro ist schlecht, Touristen sind schlecht. Und sie sind keine Touristen. Oder: Arm ist gut. Reich ist böse. Sie sind arm. Oder: Damals war alles besser.

Jede Generation hat ihre Sitzenbleiber. Das wäre die eine Erklärung. Jede Generation hat ihre Standhaften. Das wäre die andere. Klausi-Mausi gehörte zu den Standhaften. Ich traf ihn damals auf dem Weg nach Indien. Zehn Jahre später, zur Blüte des Yuppie-Jahrzehnts, besuchte er mich einmal im Jahr in Hamburg und brachte die jeweilige Ernte wild wachsender Halluzinogene mit. Irgendwann blieb er. Er hatte in der Stadt einen Job als Krankenpfleger angenommen und zog zu mir. Es wurde zu einer WG mit einem fleischgewordenen Palästinensertuch. Wenn er einkaufte, brachte er Kaffee aus Nicaragua mit. Wenn ihm dabei Autos die Vorfahrt nahmen, warf er sein Fahrrad auf ihre Motorhaube. Wenn wer Hilfe brauchte, gab er sie. Er gab jedem Bettler, auch den Junkies, nur Polizisten gab er nichts. Keine Antwort, keine sachdienlichen Hinweise. Nichts. Er machte auch die Volkszählung nicht mit. Und bei alldem klebte das Rot-weiß-Karierte wie eine zweite Haut an ihm. Selbst zu Spielen des FC St. Pauli trug Klausi-Mausi als Fan-Schal das Palästinensertuch. Ich glaube, in dem Fall das blaue.

Auch Klausi-Mausi (so wurde er von meinen Töchtern genannt) sagte, arm ist gut, reich ist böse, und ich bin kein Tourist. Aber bei ihm stimmte das irgendwie. Bei ihm war's keine Doofheit, sondern Charakter. Ich versuchte deshalb, ihn lediglich modisch zu missionieren. Ein bisschen Kreativität im Umgang mit seinem Lieblingstuch. »Hör mal«, sagte ich, »ich kenne einen Werber, der hat den Slogan ›Ich rauche gern‹ gemacht. Der lässt sich die Tücher zu Krawatten schneidern und trägt sie zum Boss-Anzug.« Klausi-Mausi glaubte es nicht. »Ich kenne auch eine Galeristin aus Düsseldorf, der wurden aus Palästinensertüchern Bikinis geschneidert.« Klausi-Mausi interessierte das nicht. »Wieder andere tragen es fünffach gefaltet als Schal zum Kamelhaarmantel. Und im Grunewald hat man es auch über die

Augenklappe eines Einäugigen gespannt gesehen.« Letzteres ging dann schon mehr in seine Richtung, denn das Palästinensertuch hatte ihm bereits gute Dienste geleistet, wenn der Arm in Gips war. Und als Regenschirm gegen Wasserwerfer. Was mich allerdings wundert, ist, dass sie ihn damit immer wieder in die 747 ließen, wenn er nach Indien wollte.

Stichwort: das fliegende Palästinensertuch. Es ist weit weniger gern gesehen als der fliegende Teppich oder das fliegende Klassenzimmer. Seit Mogadischu kann man mit dem Rot-Weißen über der Schulter kaum noch auf die Bordtoilette gehen. Macht auch kaum noch wer. Das Tuch ist weg vom Fenster. Ich habe seit Jahren keins mehr gesehen, nachdem Klausi-Mausi nach Albanien gezogen war. Erst seitdem ich in Berlin wohne, kommt es mir wieder zu Gesicht. Die Berliner sind für ihre hübsche Sprache bekannt. »Afghan-Kutte« nannten sie zum Beispiel diese schlecht gegerbten Fellmäntel aus dem Hindukusch, die immer aussahen, als ob man damit gewissenhaft die Motorradkette putzte. Zu unserem Tuch sagen sie »Pali-Feudel«. Sie sagen das, weil Feudel ein anderes Wort für Putzlappen ist.

Der Okzident hat das Palästinensertuch abgestoßen. Und wie schaut's im Orient aus? Sagen wir es so: Wenn der Türke es sieht, denkt er an Kurden. Wenn der Syrer es sieht, denkt er an Libanesen. Wenn der Marokkaner es sieht, denkt er an Algerier. Wenn der Jordanier es sieht, denkt er an Polizei. Als die Tücher noch handgestrickt waren und untrennbar vom billigen Patschuliduft, wurden sie in Jordanien von den Polizisten und den Mitgliedern der Palastwache getragen. Was die Polizei angeht, ist auch das vorbei. Ganz allgemein kann man sagen, dass für den modernen vorderen und mittleren Orientalen das Palästinensertuch in etwa so aktuell ist wie für den modernen Mitteleuropäer der Tiroler Hut. Und wie sieht das der Pakistaner? Gestern, bei einem Konzert pakistanischer Qawwali-Sänger in Berlin, schleifte der Hauptsänger, als er die Bühne betrat, ein Palästinensertuch hinter sich her wie Snoopy seine Schmusedecke. Im weiteren Verlauf des musikalischen Vortrags schnäuzte er sich mehrmals darin. Ich hielt das für bezeichnend.

Via Sacra – Es geht ums Gehen

Österreich

»Via« ist der Weg, und »sacra« heißt heilig. Wir gingen also den heiligen Weg, und er fängt mit einer Steigung an, die sofort die Spreu vom Weizen trennt. Das ist nichts für Spaziergänger, das braucht den ganzen Wandersmann, und am besten, du bist ein Pilger, ein frommer Mensch, der brav sein Kreuz über die Berge bis Mariazell trägt. Der erste Berg heißt Wienerwald, und mein Kreuz war der Rucksack. Ich war gerade mal fünf Minuten unterwegs, und der Schweiß lief bereits wie ein Starkregen an mir herab. Starkregen: auch ein wichtiges Thema. Am Nachmittag sollte das Wetter umschlagen. Von sonnig auf Gewitter. Wir mussten vor dem Regen in Heiligenkreuz sein, sonst würden die Joggingschuhe nass werden. Und nasse Joggingschuhe bedeuten nasse Socken, und beides zusammen bedeutet Blasen, also Schmerz. Die richtigen Schuhe sind nicht nur das A und O, sondern auch das B und X sowie das E und Y beim Wandern, und für Regen hatte ich die falschen an. Die richtigen hatte ich auch bei mir, schwere italienische Bergschuhe, aber ich trug sie im Trockenen lieber im Rucksack als an den Füßen, denn sie waren noch nicht sonderlich eingelaufen, und nicht sonderlich eingelaufene Schuhe bedeuten ebenfalls Blasen und Schmerz, und wir wollten fünf Tage gehen.

Es gibt Leute, die den Wiener Wallfahrerweg in drei Tagen schaffen, wie Anni, die Exprofifußballerin, aber so fit wie Anni sind wir nicht. Ich bin 60, Kettenraucher und lasse abends keinen Rotwein aus, und Frank ist Fotograf. Er schleppte zwei Kreuze den Berg hinauf, seinen Rucksack und seine Kameras. Der Wald stand dicht, der Pfad war steil, Wurzeln wuchsen wie Hände aus ihm heraus, die nach unseren Knöcheln griffen. Achte auf deine Füße, konzentriere dich auf jeden Schritt. Das war die erste Lektion des ersten Tages. Ich knickte nur einmal um und dann nie mehr, weil ich ab sofort wieder wusste, wie weh das tut. Trotzdem wird dies keine Leidensgeschichte, das Leiden gehört nur dazu, denn bei Schmerzen, die durch körperliche Hochleistungen hervorgerufen werden, reagiert unser Gehirn mit einer Überdosis Glückshormonen. Das ist der Kick beim Bergaufwandern, außerdem ging es genauso oft bergab und dazwischen auch mehr oder weniger vertikal voran, durch eine der prächtigsten Landschaften, die ich je gesehen habe. Ich war im Himalaja, im Amazonas und in den grünen Hügeln Afrikas und ahnte währenddessen einfach nicht, wie schön Österreich ist.

So schön wie Deutschland, nur schöner. So grün wie die Heimat, nur grüner. So paradiesisch wie das Paradies, nur duftaktiver. Bergwiesen wie bei Van Gogh, oder war es Monet? Egal, hier ist das Original, bunt, aber in zarten Farben, bescheidene Blumen, ohne das Ego der Rosen, Orchideen und Lotusblüten, zurückhaltende Pracht. Die Bergwiesen Niederösterreichs fordern keine Aufmerksamkeit. Sie laden dazu ein. Die Täler, die nach einem Aufstieg vor dir liegen, die Dörfer in der Ferne, wie Puppenstuben mit Kirche. Der Weg wie ein Band, der Bach wie ein Freund. Und Schmetterlingsalarm. Urschön und voralpin.

Worum geht es beim Gehen? Wandern ist aktive Meditation. Der Traum eines jeden Meditierenden ist es, nicht zu denken. Weil das leider nicht geht, beschränkt man sich in meditativen Kreisen darauf, Gedanken nicht zu verhindern, sondern zu beobachten. Wie sie kommen, wie sie verschwinden und wie viel Zeit ihnen bleibt. Dafür ist Wandern ideal. Mit jedem Schritt geht man aus seinen Problemen heraus, und auch, wenn das in Wahrheit nicht stimmen mag, fühlt es sich so an. Man bleibt einfach nicht stehen. Außer in den erschöpfungsbedingten Pausen, doch da denkt man endlich überhaupt nicht mehr. Da geht's nur noch um so essenzielle Dinge wie die Reaktivierung der Kräfte und Müsliriegel mit Schoko-Banane-Geschmack.

Am Abend dann, wenn über dem Etappenziel Mond und Sterne aufziehen, denkt man ebenfalls nicht mehr sehr viel. Zwei Liter Radler auf ex, Bratkartoffeln, Spiegelei, und ab in die absolute Unbeweglichkeit, um zu fühlen, wie die Wade runterfährt, die Schultern loslassen und jeder einzelne Zeh wie ein Brennstab abkühlt. Die Entspannung kommt wie ein Rausch daher. Körpereigene Drogen durchfluten das Bett, Gott, ist das geil. Aber bis Mariazell ist es noch weit, darum fängt jetzt das Reparaturfühlen an. Welcher Zeh noch immer schmerzt, welche Ferse noch immer glüht, welcher Fußballen einfach keine Ruhe gibt. Man wird morgen vorbeugende Blasenpflaster draufkleben und die Füße unbedingt wieder mit der österreichischen Wundersalbe eincremen, für die ein Hirsch dran glauben musste. Sein Fett plus Bienenhonig plus ein heilendes österreichisches Kraut machen die Hirschsalbe zu einem Produkt, das sich wie eine zweite Haut um die Füße legt. Außerdem musste ich Gewichte abwerfen.

Beim Wandern wiegt jedes Gramm mal drei oder mal sieben oder mal zehn, kommt drauf an, wie lange man es getragen hat, und irgendwann fühlt sich der Rucksack wie ein Lastwagen an. Beim Aufstieg zum Unterberg am übernächsten Tag brachte mich das erst an meine Grenzen und dann darüber hinaus, denn wir mussten 800 Höhenmeter auf zwei Kilometern überwinden, und bereits nach zehn Metern ging uns die Puste aus. Viele kurze Pausen lösten

50 Prozent des Problems, der Rest war purer Wille. Mit Kraftreserven und den Gesetzen dieser Welt hatte das nichts mehr zu tun. Zwei Schwertransporter unter Selbsthypnose quälten sich den Berg hinauf, zwei Männer wurden Helden, bis uns eine Dame um die 60 überholte und wir uns wie Deppen vorkamen. Sie joggte an uns vorbei, sie lief wie eine Bergziege, was einerseits daran lag, dass sie eine Bergsteigerin war und hier für die Dolomiten übte, aber andererseits mit Sicherheit auch an ihrem Rucksack. Er war winzig klein. Wieder dachte ich daran, Gewichte abzuwerfen, und wieder ließ ich es sein, denn ich wusste nicht, worauf ich verzichten könnte, außerdem kamen wir irgendwann oben an und gingen den Rest des Tages über einen Pass, der zu beiden Seiten in unbewirtschaftete, also wilde Täler abfiel.

Der Weg schlängelte sich so schmal wie ein Indianerpfad durch hohes Gras, Felsformationen luden zur Rast mit Adlerblick ein. Wenn das Panorama den Atem raubt, vergisst man den atemberaubenden Schwierigkeitsgrad, aber wenn dann andere Wanderer, zwar nicht joggend wie die Bergsteigerin zuvor, aber doch nahezu unbeschwert auf der Via Sacra vor dir wandeln, fällt einem der Rucksack wieder ein. Warum sind ihre nur halb so groß wie unsere und nur halb so schwer? Antwort: weil sie jakobsweggeprüfte Wanderer sind. Die packen mit der Grammwaage. Die brechen von Zahnbürsten den Stil ab, um Gewicht zu sparen, die reißen aus ihrem Buch die Blätter heraus, die sie gelesen haben, die schneiden aus ihren Landkarten die Teile weg, die sie bereits gegangen sind, die reduzieren das Notwendige auf das Notwendigste und das Notwendigste auf das Allernotwendigste, bis sie am Ende nur noch vier Kilo tragen. Und lange vor uns die Schutzhütte erreichen. Auch lange vor dem Ausbruch des Unwetters, das die Wetterdienste für den Abend prophezeiten. Nur wir mussten uns bangend fragen, ob die Blitze uns erschlagen würden. Wetterleuchten über der Steiermark. Gottes Lightshow in den Bergen. Und noch drei Tage bis Mariazell. Schade, würde ich in drei Tagen sagen, ich könnte ewig so weitergehen.

Weil ich in drei Tagen genügend Ballast abgeworfen hätte, um nahezu frei zu gehen. Weil ich in drei Tagen meinen Rucksack verstehen würde und alle Strippen ziehen könnte, weil ich in drei Tagen eine autonome Wandereinheit sein würde, ein Mann, der wüsste, wo er findet, was er braucht. Ohne anzuhalten, fände ich in der großen rechten Tasche meiner Wanderweste das Pfefferspray gegen Hunde, die Blasenpflaster und einen Müsliriegel. In der linken Tasche steckte der Wanderführer und in den beiden Brusttaschen Messer, Brille, die Zigaretten und das Feuerzeug, und auch der Rucksack war nach Prioritäten gepackt. Unten lag, was für die Abende von Interesse war, in der Mitte die Reserve-Gehgarnitur, und oben waren die Erste-Hilfe-Tüte und das Regencape. Die schweren Regenschuhe hatte ich am fünften Tag weggeworfen. Es regnete einfach nicht, solange wir gingen. Es begann immer erst, nachdem wir die Nachtunterkünfte erreicht hatten.

Gott ist mit den Wanderern. Die Evolution auch. Der Körper des Menschen ist fürs Gehen gemacht. Das ist die Bewegung, in der er sich am wohlsten fühlt. Weil alles rund läuft, der Atem, das Blut, das Herz, der Stoffwechsel, die Seele. Ein Bächlein plätscherte zu unserer Rechten. Bald würde es ein Bach sein. Er führte uns durch ein lang gestrecktes Tal. Aus den Bergen flossen von links und rechts andere Gewässer herab, was unseren inzwischen schon recht großen Bach zu einem kleinen Fluss anschwellen ließ, in dem die ersten Forellen vor den großen Steinen standen, um der Strömung zu entgehen. Wandernd den Bächen beim Wachsen zuzusehen ist Seelenbenzin.

Locker auf Drogen im Krankenhaus

Wien

Von höherer Warte betrachtet, sah es aus, als würden Dominosteine fallen. Für mich war es nur ein Unfall. Zuerst hab ich mich über eine Frau geärgert. Mit einer unheilvollen Mischung aus Wut, Schock und Scham setzte ich mich auf mein neues Fahrrad, um mich abzureagieren. Bisschen später, nächster Dominostein, war ich in einem Lokal und trank drei Gläser Wein. Weiter geht's. Die unheilvolle Mischung aus Alkohol und Liebeskummer gab Gas, und dunkel war es auch. Alle anderen Fahrradfahrer, die mir beim Überholen den Eindruck vermittelten, als würden sie stillstehen, fuhren mit Licht. Ich nicht. Um das zu ändern, fummelte ich mit meiner rechten Hand an der Lampe herum, und die unheilvolle Mischung (Dominostein Nr. 3) aus zu hoher Geschwindigkeit, einhändigem Fahren und dem Nahen einer Bordsteinkante ließ mich den klassischen großen Fehler machen. Ich bremste volle Kanne mit links. Man nennt die linke auch die »falsche« Bremse. Sie blockiert das Vorderrad. Mein neues Fahrrad ist der Audi unter den Fahrrädern. Es hat Scheibenbremsen, das Fahrrad stand also auf der Stelle, nur ich flog weiter. Bis heute bleibt mir von diesem Moment als wichtigste Erinnerung folgender Gedanke. Ich hatte ihn während des Flugs über den Lenker:

»Das glaube ich nicht.«

Und es war nicht nur ein Gedanke. Ich glaubte es auch wirklich nicht. Als wär´s ein Film oder ein Traum. Der Fahrradweg war asphaltiert. Wenn ich ein Profi im Fallen gewesen wäre, zum Beispiel ein Stuntman oder ein Kampfsportler oder ein Fallschirmspringer, und die Kunst beherrscht hätte, mich über der Schulter abzurollen, hätte selbst das nichts genützt. Ich fliege, ich liege, ich zittere vor Schock. Jemand hilft mir aufzustehen. Ich zeig ihm meine Zähne »Sind die o. k.?« Ja, die Zähne waren o. k., bis auf ein paar Splitter, die ich ausspuckte. Nicht o. k. war anscheinend die rechte Hand, die ich nur noch am ausgestreckten Arm hängen lassen konnte. Und die Linke war auch nicht o. k. Vollkommen in Ordnung dagegen war das Fahrrad.

In der Aufnahme des Unfallkrankenhauses sagte man mir, sie müssten die rechte Hand operieren. Das Gelenk sei gebrochen oder, genauer, gespalten. Sie würden eine Titanplatte an den Knochen schrauben. Die Operation sei in zwei Stunden. Ich solle mich inzwischen schon mal auf der Abteilung 6 einchecken. Dort hatten sie kein freies Bett mehr in den Zimmern, ich bekam eins auf dem Flur. Man gab mir Krankenhauskleidung. Einen Kittel, der kurz über den Knien endete und hinten geschlitzt war. Damit man leichter ein Töpfchen drunterschieben kann. Oder ein Zäpfchen rein. Man ließ mich Papiere ausfüllen. Die Frage nach der Telefonnummer eines nahen Verwandten beängstigte mich. Ich hatte mir noch nie etwas gebrochen. Ich war noch nie operiert worden. Ich war noch nie im Krankenhaus gewesen. Ich setzte mich in die Umkleidekabine, eine kleine Kammer mit drei Spinden und einem Hocker. Ich schloss die Tür ab und weinte.

Nachdem ich mit dem Narkosearzt gesprochen hatte, ging es mir gleich besser. Ein Pfleger hatte mein Bett und mich in neonlichtdurchflutete Fahrstühle gerollt und durch komplett gefflieste Flure in den Vorraum des Operationssaals geschoben. Alles, was der Anästhesist am Körper trug, war grün und abwaschbar. Sein Gesicht war überaus freundlich.

»Wir haben zwei Möglichkeiten. Wir können Sie ganz ausschalten, also Vollanästhesie, das hat den Nachteil, dass es ziemlich auf den Körper geht, weil alle Organe davon betroffen werden. Die andere Methode, den Schmerz abzublocken, geht so: In der Achselhöhle treffen sich sämtliche Nerven für den Arm und die Hand. Wenn wir die betäuben, spüren Sie nichts mehr.«

»Nichts?«

»Gar nichts, das kann ich Ihnen versprechen. Der große Vorteil dieser Methode liegt darin, dass Sie nach der Operation zwölf Stunden lang keine Schmerzen haben werden. Nach einer Vollnarkose wachen Sie auf und haben sofort Schmerzen.«

»Aber ich krieg das alles bei vollem Bewusstsein mit?«

»Na ja. Wir geben Ihnen etwas zur Beruhigung.«

»Ist das eine harte Droge?«

Der Narkosearzt zögerte einen Moment. Dann strahlte sein Lächeln übers ganze Gesicht.

»Ja.«

Nachdem sie mir das Morphium in die Venen getröpfelt hatten, fand ich alles nur noch geil. In den Operationssaal geschoben zu werden. Die großen Lampen über mir. Die vielen Menschen in ihren grünen, abwaschbaren Marsgewändern, die alle den Eindruck vermittelten, Profis zu sein. Alles geil. Ich fühlte meinen rechten Arm nicht mehr. Ich sah ihn auch nicht mehr, denn sie hatten ein grünes, abwaschbares Tuch zwischen meinem Kopf und ihrem Arbeitsplatz gespannt. Ich hörte nur hin und wieder die Knochensäge. Ich kannte Morphium noch nicht. Ich hätte nicht gedacht, wie geil das ist.

45 Minuten später rollten sie mich wieder auf die Station zurück. Hier hatte inzwischen ein Schichtwechsel stattgefunden. Die Nachtschwestern waren da. Ein Pummel und ein Sahneteilchen mit langen blonden Haaren. Auch geil.

Sie schob mein Bett aus dem Flur heraus in den Aufenthaltsbereich der Station. Durch das Fenster konnte ich in der Ferne ein hübsch beleuchtetes Hochhaus sehen, sowie den Mond und die Sterne.

Das Morphium wirkte die ganze Nacht, und die blonde Krankenschwester hatte mir nicht nur das Rauchen erlaubt, sie hatte mir sogar die Zigaretten dafür gegeben.

Am nächsten Tag gaben sie mir kein Morphium mehr, aber auch nichts völlig Drogenfreies. Die Infusion sorgte dafür, dass ich die Dinge weiterhin positiv sah. Das Schlimmste überstanden, die Platte angeschraubt, keine Schmerzen und herrlicher Sonnenschein im Rauchergarten des Krankenhauses. Um ihn zu erreichen, musste man aus dem Hauptausgang treten und auf dem Bürgersteig ein paar Meter nach links gehen. Wenn ich unterwegs war, trug ich immer meine Blutflasche bei mir. Sie hing an einem Schlauch, der aus meinem Verband herauskam. Besser das Blut zirkuliert, als dass Ergüsse entstehen. Es sieht halt nur ziemlich scheiße aus. Mit Blutflasche und dem Krankenhauskittel brach ich zu Exkursionen in ein gegenüberliegendes Wiener Kaffeehaus auf. Die nahmen das ziemlich cool, die waren gut drauf. »Aha, wieder so a Spitalsflüchtling, der Herr.«

Im Rauchergarten unterhielt ich mich mit anderen Patienten. Am meisten mit einem Serben, denn der rauchte so viel wie ich. Er hatte sich zwei Kugeln gefangen. Als Geschäftsführer einer serbischen Diskothek geriet er in den Schusswechsel zwischen einem seiner Türsteher und einem Gast.

»Tun Kugeln weh?«, fragte ich.

»Sehr weh. Die eine hat den Rücken durchschlagen und ist knapp neben dem Herzen stecken geblieben. Die andere ist in meinem Oberschenkel. Aber ich bin nicht ohnmächtig geworden. Ich konnte noch meine Ellbogen auf die Wunde pressen, um das Blut zu stoppen.«

»Lernt ihr in Serbien so was in der Grundschule?«

»Ja.«

Ist es wirklich so schlau, in allem nur das Gute zu sehen? »Schicksal als Chance« und »Krankheit als Weg« und solche Sachen. Oder ist schöndenken dasselbe wie schönreden und schöntrinken? Was ist das Gute an einem Krankenhausaufenthalt? Ich sag's Ihnen. Man fragt sich nicht mehr, ob man ein Gewinner oder Verlierer ist. Man fragt sich überhaupt nicht mehr, was man ist. Man hat seine Identitätsprobleme überwunden. Man ist einfach nur krank im Krankenhaus. Da kennt man sich aus. Da braucht es kein schlechtes Gewissen. Kein mit sich selber Hadern, weil man Ziele nicht erreicht. Keine Beziehungsprobleme und auch keine Probleme mit der Einsamkeit. Es gibt keine offenen Fragen. Keinen Ozean der Unwissenheit. Keinen Liebeskummer und ähnlichen Scheiß. Sämtliche Gedanken, Gefühle und Aktivitäten finden im Krankenhaus ein Thema, auf das sie sich konzentrieren können. Egal, ob es ein Unfall oder eine Krankheit gewesen ist, die dich hergebracht hat, in beiden Fällen nennt man das Schicksal. Und wie man nun beginnt, dieses Schicksal zu tragen, nur darum geht es im Krankenhaus.

Ein schönes Thema sind auch die Schlaftabletten, die sie dort hatten. Winzig klein und himmelblau waren sie. Es war so gegen neun am Abend, als ich sie einnahm. Gleichzeitig fummelte ich an der Fernbedienung des Fernsehers herum, um ein Champions-League-Spiel lauter zu stellen. Dann wurde ich wieder wach, draußen war es hell, und die Fernbedienung lag auf dem Boden. Die Schlaftablette hatte wie ein Fallbeil gewirkt. Am nächsten Abend bettelte ich wieder um eine. Ich hätte gar nicht betteln müssen, die Nachtschwestern schalten ihre Patienten gerne wie das Deckenlicht aus. Die Kombination aus geruhsamen Nächten und den durch die Schmerzmittelinfusionen leicht euphorisierten Wachphasen bewirkte, dass ich mir nicht um so überflüssige Dinge Gedanken machte wie »Werde ich mit meiner rechten Hand je wieder schreiben, je wieder Gitarre spielen, je wieder eine Frauenbrust streicheln können?«. Nein, hier sind es die kleinen Schritte, die Großes bewirken. Als sie mir nach drei Tagen endlich die Blutflasche abnahmen, war das eine schon fast sensationelle Verbesserung der Lebensqualität. Der Arzt, der mir den Plastikschlauch aus meinem Arm entfernte, erzählte dabei ein bisschen aus seinem Leben.

»Sie glauben nicht, wie viele Radfahrer und Inlineskater ich hier schon habe sterben sehen. Vor allem Inlineskater. Seitdem ich in der Unfallstation arbeite, mache ICH keinen Sport mehr.«

»Alles schön und gut«, antwortete ich, »aber mein Bettnachbar zur Linken macht auch nie Sport, und der sieht schlimmer aus als ich. Den haben zwei Jugendliche aus der U-Bahn geworfen. Und mein Bettnachbar zur Rechten ist ein Kürschner, der sich das Bein brach, als er seinen Pelztieren hinterherlief, Greenpeace-Aktivisten hatten sie befreit.«

»Ich verstehe, was Sie meinen«, sagte der Arzt. »Und jetzt zähl ich mal bis drei. Bei drei ziehen Sie den Atem scharf durch die Nase ein.«

Er hatte recht, laut atmen war besser als laut aufschreien. Die Entfernung des Blutschlauches aus meinem Arm aber war das Einzige, was im Krankenhaus wehgetan hatte. Ich verstand meinen früheren Horror vor einem Klinikaufenthalt langsam nicht mehr. Hier gibt's Drogen, hier gibt's Miezen, und es stimmt auch nicht, dass alle Schwestern, Ärzte und Pfleger seelenlose Funktionalisten sind. Nein, auch Mediziner können, genauso wie Musiker, Schreiber, Fotografen, Filmemacher, Polizisten, Piloten, Computergrafiker und Journalisten, ihre Arbeit lieben und gerne machen. Manche Nachtschwester hat mich besser behandelt, als es meine Freundin jemals tat. Es gibt echte Altruisten in weißen Kitteln. Um es kurz zu machen, jetzt, wo ich mit dem rechten Arm im Gips und der verstauchten linken Hand zu Haus nicht mal 'nen Joint bauen kann, vermisse ich hin und wieder das Krankenhaus.

Gutes Dia – böses Dia

Steiermark

»Ich fühle mich wie eine Alt-Hure auf einem Seminar über den ersten Kuss«, sagte ich zu der Redakteurin des ORF, die von mir wissen wollte, wie ein Reiseschriftsteller auf einem Reise-Dia-Festival zurechtkommt, und ich fand, dass dieser Satz eine gute Antwort war. Aber die Fernsehfrau verstand mich nicht. Oder sie verstand mich, aber fand es zu zynisch. Dann hätte sie allerdings nur die Hälfte mitgekriegt. Natürlich reagiert eine Alt-Hure auf Frischverliebte mit Zynismus. Aber auch mit Sehnsucht. Und Trauer. Natürlich will jeder die verlorene Unschuld zurück, und natürlich weiß jeder, dass das nicht geht. Einen normalen Apfel kann man möglicherweise wieder herauswürgen, der Apfel der Erkenntnis bleibt drin. Dem ist mit Bulimie nicht beizukommen.

Die Erkenntnis besagt in etwa Folgendes: Überall auf der Welt sind Licht und Schatten, im Verhältnis 50:50, man kann auch halbe-halbe sagen. Die Unterschiede zwischen der Heimat und der Ferne haben lediglich damit zu tun, dass die Hälfte, die bei uns im Schatten liegt, woanders lichtbeschienen ist, dafür sind deren dunkle Seiten bei uns hell. Mit dieser Erkenntnis im Rücken kann man den Diavortrag eines Deutschen über seine Reise durch Ladakh nicht prämieren, außerdem trägt er seine Texte entschieden zu salbungsvoll vor. »Diese Menschen haben noch etwas, das wir verloren haben«, sagt er mit spiritueller Sandmännchen-Stimme und macht eine dramaturgische Pause.

Und dann: »Zeit!« Dazu zeigt er Fotos von Menschen, deren Rotz zwischen Nase und Mund eingefroren ist.

Ich bin in der Jury des »El-Mundo-Dia-Festivals«. Mit fünf anderen Juroren hebe ich den Daumen oder senke ihn über insgesamt 14 Diavortragende. Das ist eine große Verantwortung, denn die »El-Mundo«-Preise genießen in der Szene einiges Ansehen. Sie fördern den Weg des Semiprofessionellen zum Vollprofi, am Ende steht ein Wesen, das durch die Diavorträge nicht nur seine Reisespesen finanziert, sondern sein ganzes Leben. Der Ladakh-Bezwinger wird und soll das nicht schaffen, da ist sich die Jury sofort einig. Wir bewerten in drei Kategorien. In der ersten (»Gesamtvortrag«) fällt er durch, weil er die falsche Botschaft zu schmalzig vorträgt, in der zweiten (»Fotografie«) kann er ein bisschen punkten, aber auch nicht so viel, dass es reicht, und was die Kategorie »Abenteuer« angeht, so muss man sagen, das seines bereits von mehreren Veranstaltern pauschal angeboten wird, wie das Jurymitglied Klaus Haselböck anmerkt, der Chefredakteur des Magazins »Bergwelten«. Auch Juror Wolfgang Melchior zeigt sich wenig beeindruckt von dem Ladakh-Vortrag, aber er ist, was Abenteuer angeht, auch ein ziemlich harter Hund. Der Österreicher war Mitglied eines sechsköpfigen internationalen Expeditionsteams, das auf einer unerforschten Route, von der Küste ausgehend, in nur 33 Tagen den Südpol erreichte, gegen Eis, Sturm und Gletscherspalten, die Schlitten wurden selbst gezogen, es gab keine Depots, keine Hunde, keine technischen Hilfsmittel. Er hat's überlebt und ist Jurymitglied geworden. Pech für den Ladakh-Referenten.

Natürlich waren wir durchaus bereit, den Begriff des Abenteuers zu relativieren. Dias vom Jakobsweg akzeptierten wir ohne Gegenstimme als Abenteuer der Seele, und eine Fahrradreise rund um den Nordpol als Abenteuer des falschen Fahrzeugs, der Vortrag über eine Fahrt mit Ladas durch den Kongo gefiel dann allerdings nur noch mir, den anderen erschien das Unternehmen zu subversiv und zu wenig ernsthaft. Die Referenten hatten sich die Ladas vom Schrottplatz geholt und sich ihre Reisepapiere (Carnet de Passages) unterwegs mit Kürbissen selbst gedruckt, und wenn sie Karten einblendeten, markierten Schraubenschlüssel-Symbole ihre Stationen. Gonzo-Dias, das ist neu, das ist sexy, aber für das Publikum wie für die Jury zu weit weg vom Ausgangspunkt dieses Mediums, das im Wohnzimmer geboren wurde. Jahrzehntelang war es fest in Spießerhand. Der Diaabend, gefürchtet bei Freund und Feind, Mama am Mangosaft, Papa in der Badehose, komische Menschen an komischen Orten, das gibt es wahrscheinlich immer noch, aber das Dia hat sich davon befreit. Über Sportvereine und Volkshochschulen machte es sich auf seine Reise zu einem multimedialen Event, dessen Unterhaltungswert dem der Dokumentarfilme und Magazinreportagen in nichts mehr nachstehen muss. Die Transformation vom Dia zu digital hat hier schier alles möglich gemacht. In der Nachbearbeitung der Bilder sowie in ihrer Präsentation. Sie können größer und kleiner werden, sich falten, rollen und auf den Kopf stellen, sie können Details hervorheben oder Details hinzufügen, sie können sich entfärben, verdunkeln und verschleiern, sie können sich auch ausblenden oder herbeihuschen wie ein Schlossgeist, nur eines können und sollen sie noch immer nicht: laufen. Darauf legt Jurymitglied Bernd Hinrichs wert, denn er ist Foto-Fundamentalist und Produktmanager bei Leica. Pech für den Schweizer Romano Schenk, der fünf Jahre in einer selbst gebauten Blockhütte am Yukon lebte, von der er Ausflüge wie diesen unternahm: 46 Tage mit dem Schlitten über Gletscher, aber auch über wilde Flüsse, weil sein Gefährt in Wahrheit eine Kombination von Schlitten und

Kajak war. Alles stimmte bei diesem Beitrag, der Abenteuerfaktor, die fotografische Qualität, der souveräne Vortrag, Aber er hatte zu viel gefilmt. Und diese Filmpassagen in die stehenden Bilder einkopiert. »Zugegeben, ein interessanter Effekt«, sagte Juror Hinrichs, »aber wehret den Anfängen.«

Habe ich eigentlich schon von der Macht der Musik und der Stimme bei einem Diavortrag gesprochen? Nein, aber ich mache es gleich. Vorher noch schnell einen Blick darauf, wo wir sind. Judenburg, das ist Steiermark, also Österreich. Schönes Österreich, tiefe Provinz. Täler, Berge, wilde Bäche, satte Luft und ein Menschenschlag, der mich an die Iren erinnert. Eine Mischung aus bodenständig und trinkfest, auch ein bisschen verrückt, um nicht kauzig zu sagen.

Hier kamen vor zehn Jahren fünf Freunde, die sich Reiseenthusiasten nannten, auf die Idee, mit anderen Reiseenthusiasten ein paar gute Tage zu haben. Nach zwei Jahren war die Veranstaltung zum ersten Mal ausverkauft, inzwischen muss man Monate, besser ein halbes Jahr vorher reservieren, obwohl der wunderschöne, an eine Oper erinnernde Festsaal in Judenburg 500 Besucher fasst. Sie kommen aus Bern, Basel und Berlin, aus Ulm, Salzburg und Wien, sie kommen in Wohnwagen, umgebauten Feuerwehrautos und Abenteuer-Bussen, deren Chassis allein schon 100 000 Euro kostet, sie kommen allein, mit Familie oder als Komitee befreundeter Organisationen, wie die DZG, die Deutsche Zentrale für Globetrotter, deren Vorsitzende Annette Weirich ebenfalls hier Jurymitglied ist. Auch eine harte Nuss. Sie bewertet die Vorträge unter anderem danach, ob zu den Reisevorbereitungen der Punkt »Kündigung der Wohnung« gehörte oder nicht. Moderne Nomaden, grenzerfahren, immer ganz weit weg von den ausgetretenen Touristenpfaden – das »El Mundo« in Judenburg ist ihr Klassentreffen, und Rüdiger Nehberg (Bäckermeister, Abenteurer aus

Norddeutschland und Autor) ist ihr Gottvater. Sogar Tony Wheeler, der legendäre Gründer von »Lonely Planet«, ist schon hier gewesen, aber hier und jetzt ist er es nicht.

Hier und jetzt folgen wir dem multimedialen Diavortrag eines jungen Mannes aus Wien, der mit seinem Freund den höchsten Gipfel der Antarktis bestieg und die Bilder davon mit einem Stück von Queen beschallt. Und damit sind wir bei der Rolle der Musik. Sie hat für die Bewertung keine eigene Kategorie, sie ist Teil des Gesamtvortrags, aber ein wesentlicher, wenn man mich fragt. »We Are The Champions« zu den Gipfelfotos auf einem gottverlassenen Berg im ewigen Eis fand ich witzig, aber die Filmmusik aus »Titanic« zu Bildern meditierender Mönche im Himalaja erschien mir kitschig. Der Grat ist schmal. Auf Nummer sicher gehen alle, die Originalmusik von den Schauplätzen einspielen, gemischt mit den Stimmen und Geräuschen der Straße, auch mal ein Gong hier und da, ein blökendes Kamel. Aber am besten, das ist klar, lässt sich das große Gefühl an den Höhepunkten ihrer Expeditionen noch immer mit den Lieblingsplatten der Vortragenden transportieren. Nicht jeder Abenteurer ist musikalisch. Das ist das Problem. Außerdem: Nicht jeder Reisende kann reden, und das ist das größere Problem.

Die Stimme, der Vortrag, das spontane Arbeiten mit der Publikumsenergie ist der Joker der Diashow im Wettbewerb mit Film und Buch. Das direkte Geschichtenerzählen, live, von Mund zu Ohr, ist die Mutter aller Medien, der Klassiker des Entertainments und die billigste Art, sein Publikum zu bannen. Ein guter Erzähler schafft, wofür Hollywood mindestens 20, in der Regel aber 100 Millionen Dollar braucht. Außerdem schafft er Vertrauen. Man kann ihn anfassen, man kann ihm Fragen stellen, man kann seine Aura mit der Ausstrahlung seiner Bilder vergleichen. Das macht die Diashow reizvoller als den Kinobesuch. Wenn's gut geht. Bei dem jungen Wiener, der seinen antarktischen Gipfelsturm mit Queen untermalte, ging es so gut, dass die Mittelmäßigkeit seiner Bilder und die Schlampigkeit seiner Dramaturgie bei der Bewertung keine Rolle mehr spielten. Der Erleuchtung und dem Publikum ist es egal, wie man zu ihnen kommt. Wer ankommt, hat gewonnen. Der junge Wiener erzählte mit bubenhafter Unbekümmertheit die Geschichte einer Freundschaft im Auge des Schneesturms, und er hätte möglicherweise das Reise-Dia-Festival gewonnen, wenn sein ewiges »ohne meinen Freund hätte ich es nicht geschafft« oder »wenn einer aufgibt, geht der andere mit zurück, das hatten wir uns geschworen« nicht dem Jurymitglied und Kulturchef der »Kleinen Zeitung« Frido Hütter einen Tick zu schwul rübergekommen wäre. Aber es reichte immerhin noch für den dritten Platz.

Sieger wurde schließlich, fast möchte man sagen »natürlich«, ein Vortrag über Indien, weil Indien einfach am besten zu Dias passt. Die Saris, die Turbane, die Schminke der Asketen, alles bunt, alles megafotogen, außerdem war der Vortragende Frank Bienewald ein geborener Sieger. Denn Sieger werden in der Regel Menschen, die ein Handikap zu überwinden haben, weil sie das doppelt so gut macht, als sie es ohne das Problem je gewesen wären. Auch dreimal so gut. Frank Bienewalds Problem ist sein Dialekt. Er kommt aus Dresden. Er spricht Sächsisch. Das ist fast so schlimm wie Stottern. Wer damit als Geschichtenerzähler außerhalb Sachsens was werden will, muss es draufhaben.

Und weil er dazu Schwarz-Weiß-Fotos zeigte, begann das Publikum zu murren, und zack, ließ er die Farbe in das Bild einfließen und hatte gewonnen. Das Publikum liebt es, ein bisschen verarscht zu werden, und es spielt mit, wenn man mit ihm spielt. Und noch etwas. Der Vortrag berührte mich. Er berührte mich tief. Womit ich wieder am Anfang der Geschichte bin. Bei der Fernsehredakteurin und der

Alt-Hure des Reisens, die auf all diese frisch verliebten Enthusiasten im Verhältnis 50:50 mit Zynismus und Wehmut reagiert. Plötzlich will ich auch wieder los. Plötzlich will ich auch wieder wandern. Am besten nach Indien. Aber kann eine Alt-Hure die Zeit zurückdrehen und wieder zum Spitzenmodell eines Edelbordells werden? Ein Jurymitglied, das von dieser Frage bewegt wird, ist selbstverständlich auch eine harte Nuss.

Der Engel von Ostfriesland

Leer

Auf Sylt war die Welt noch in Ordnung. Ich hatte schlecht geschlafen, aber gut geträumt, und dann fuhr ich zu meinem Vater. Er wohnt in Papenburg, also im Emsland, und da kommt man nur in Regionalzügen hin. Was sie von den ICEs unterscheidet, ist nicht nur die Geschwindigkeit, sondern vor allem auch der Sitzkomfort. Etwas kreuzlahm stieg ich in Leer aus. Kennen Sie Leer? Ich auch nicht. Müde in Ostfriesland, rief ich von einem Münztelefon meinen Vater an und bat ihn, mich in seinem großen weißen Mercedes abzuholen, denn den nächsten Interregio nach Papenburg tat ich mir nicht mehr an.

Ich muss hier mal was erklären. Dies ist keine historische Geschichte. Sie spielt 2012, also fast in der Gegenwart, und sie ist wahr. Trotzdem habe ich kein Handy, kein Smartphone, kein Blackberry. Ich bin nicht arm, das hat damit nichts zu tun. Die ärmsten Menschen haben die meisten Handys, in den Ländern der Dritten Welt herrscht eine Handy-Überpopulation. Ich habe also nicht deshalb kein Handy, weil ich mir keins leisten kann, sondern weil ich es mir leisten kann, keins zu haben.

Wie dem auch sei, ich rief meinen Vater von einer Telefonsäule auf dem Bahnhofsvorplatz an und musste dafür ein bisschen in meinem kombinierten Notiz- und Telefonbuch blättern, bis ich seine Nummer fand. Außerdem waren in dem Buch 500 Euro in cash. Vielleicht muss hier noch mal was erklären. Ich liebe Cash.

Zeitpunkt: 18 Uhr 30. Das Wetter: ostfriesisch. Die ostfriesischen Penner, Punks und Junkies störte das nicht. Sie hingen trotz des Windes und des Regens auf dem Bahnhofsvorplatz von Leer herum und warteten auf ein Wunder, aber vielleicht irre ich mich. Nein, ganz sicher irre ich mich hier, sie warteten auf nichts mehr. Gegen 19 Uhr traf mein Vater ein, gegen 20 Uhr erreichten wir sein Haus, zwei Stunden später ging er zu Bett, und ich ließ mich in seinem Garten mit Rotwein volllaufen. Ein schöner ostfriesischer Abend, es nieselte nur, und hinter den Wolken waren der Mond und die Sterne sowie die Tiefe des Weltalls mit allen anderen Folgen des Urknalls. Rotwein macht religiös. Kurz vor Mitternacht aber war es mit meiner schwer religiösen Stimmung schlagartig vorbei, denn ich wollte noch einen Anruf tätigen und fand mein Telefonbuch nicht.

Das war ein interessanter Moment. Was schockierte mich mehr? Der Verlust aller Telefonnummern oder dass die 500 Euro im Schornstein rauchten? Vielleicht ist die Antwort beschämend für mich, vielleicht auch nicht. Mich schmerzte in diesem Augenblick nur das Geld, und wie sehr es mich schmerzte, schockierte mich auch. Nein, das fiel mir nur auf. Die Erkenntnis, vom Seelenfrieden eines Dalai Lama so weit entfernt zu sein wie vom Andromedanebel, kam ohne Emotionen daher, denn sie war nicht wirklich neu für mich. Das Geld war also weg, und das drehte mir den Magen um. Warum? Wahnsinnig viele Gründe. Erstens waren nicht nur die Möglichkeiten, die in dieser Summe steckten, sondern auch die Zeit, die Nerven und die Kraft, die es gebraucht hatte, sie zu verdienen, für die Katz. Es handelte sich hier also um einen doppelten Verlust. Ich hatte nichts, um meiner Tochter etwas Vernünftiges zum Geburtstag zu schenken, und ich war für nichts in eine U-Bahn, in ein Flugzeug, in einen Zug und schließlich in den Jaguar der Veranstalterin gestiegen, um auf Sylt eine

Lesung zu geben, die noch dazu für mich unbefriedigend gewesen war. Applaus ist das Brot des Künstlers, und höflicher Applaus macht nicht satt. Wäre die Lesung ein Rausch gewesen, hätte ich wenigstens den mit nach Haus nehmen können. Aber so hatte ich nicht mal das. Außerdem wurde mir das Geld nicht gestohlen. Einen Diebstahl steckt man leichter weg, da kann man wütend auf jemand anderen sein. In diesem Fall ging das leider nicht. Wer Geld verliert oder gar liegen lässt, ist nur wütend auf sich selbst. Zu dem Verlust des Geldes kommt so noch der Verlust der Selbstachtung hinzu. Man beschimpft sich, man beleidigt sich, man verflucht seine Unaufmerksamkeit. Oder ist das schon eine Krankheit? Alzheimer ist es nicht, dafür erinnerte ich mich im Garten meines Vaters noch zu genau an die Telefonsäule, an der ich das Telefonbuch abgelegt hatte, und ich erinnerte mich auch noch (es wird immer schlimmer) an meine Gedanken, kurz bevor ich das Telefonbuch dort vergessen hatte. »Vergiss es bloß nicht.«

Glücklicherweise hatte ich Rotwein, unglücklicherweise besänftigte er mich nicht. Ich sah in meines Vaters Garten den Bahnhofsvorplatz von Leer auch weiterhin wie durch ein Brennglas vor mir. Die Telefonsäule im Regen, die Penner, Punks und Junkies, die nicht mal mehr auf ein Wunder warteten, auch mein Telefonbuch mit den zehn 50-Euro-Scheinen sah ich noch immer auf der kleinen Ablage der Telefonsäule liegen, aber mir war klar, dass dieses Detail der Vision reines Wunsch-Sehen war, oder sollte ich Wunder-Sehen sagen? Obwohl es durchaus einige vernünftige Gründe gab, an ein Wunder zu glauben. Nicht jeder interessiert sich für ein vergessenes, zerfleddertes Notizbuch. Nicht jeder vermutet Geld darin. Und von denen, die trotzdem nachsehen, gehören immerhin sieben Prozent zu den ehrlichen Findern, also den letzten guten Menschen der Welt.

Am nächsten Tag brachte mich mein Vater gegen seine Überzeugung nach Leer, damit ich nachsehen konnte, ob es Gott noch gibt. Er hielt das für unmöglich. Zunächst behielt er recht. Natürlich lag das Notizbuch nicht mehr an der Telefonsäule. Auch nicht in dem Gebüsch dahinter, und ich meinte, seitens der den Tatort umlagernden Penner, Punks und Junkies durchaus einige schuldbewusste Blicke zu sehen, aber das konnte auch Einbildung sein. Natürlich hatte auch niemand im Bahnhofslokal, im Bahnhofskiosk und beim Bahnhofsvorsteher mein Notizbuch abgegeben, und bei der Polizei und im Fundbüro natürlich ebenfalls nicht.

Das Geld war weg. Und Gott ist tot. Es sei denn, er hatte die 500 Euro von einem Menschen finden lassen, der sie dringender brauchte als ich. Einem Notgeilen, einem Erpressungsopfer, einem alten armen Mütterchen, das Hunger schob und keine Bleibe hatte. Es linderte meinen Ärger, mir ihr Gesicht vorzustellen. Erst den Unglauben darin, dann den Glauben und dann das Lachen und die Freude und die Dankbarkeit. Indirekt dankten sie auch mir, aber direkt dankten sie ihrem Schicksal und ihrem Glück. Auch ein interessanter Aspekt. Ein Geschehen, das mir bewies, dass es Gott nicht mehr gibt, bewiese ihnen das Gegenteil.

Themenwechsel. Wie lange ärgert man sich? Zwei Tage, drei, eine Woche? Ich brauchte zehn Tage, obwohl ich mir da nicht 100-prozentig sicher bin, denn wenn ich aufhöre, mich zu ärgern, fällt mir das nicht immer auf, ich ärgere mich einfach nur nicht mehr. Und ich war auch nicht mehr bei meinem Vater, sondern heute hier und morgen da und zwischendurch im Internet, und plötzlich kam ein Mail mit der Überschrift »Glücksnachricht«. Das Fundbüro in Leer schrieb, eine ältere Dame habe soeben mein Notizbuch mit den 500 Euro abgegeben. Sie heiße Soundso, und ihre Telefonnummer sei soundso. Und ich solle sie doch gleich mal anrufen. Ich rief sie gleich an. Die Dame war 70 und waschecht ostfriesisch. Nicht zugezogen. Und sie erzählte mir eine Geschichte, von der ich sofort wusste, dass ich über sie schreiben muss. Deshalb fragte ich sie, ob ich ihren Namen veröffentlichen dürfe. Leider sagte sie, nein, das dürfen Sie nicht. Dabei hat sie einen wunderschönen Vornamen.

Die Dame aus Leer wollte ihre Tochter zum Zug bringen. So kurz vor halb acht waren sie am Bahnhofsvorplatz, also vielleicht nur fünf, vielleicht nur zehn Minuten, nachdem ich von dort mit meinem Vater telefoniert hatte. Ich saß zu diesem Zeitpunkt im Bahnhofsrestaurant beim ersten Rotwein des Tages. Die Dame sah das Notizbuch an der Telefonsäule. Es war aufgeschlagen, der Wind blätterte in den Seiten. Ein paar Geldscheine hingen heraus, aber wirklich nur ein paar. Die meisten flatterten im Wind über den Bahnhofsvorplatz. Und sie lief jedem einzelnen hinterher und pflückte sie aus der Luft oder vom Boden, während ich im Bahnhof Wein trank und sich die Penner, Punks und Junkies dafür beschimpften, dass sie nicht mehr auf ein Wunder gewartet hatten und es deshalb zu spät sahen. So ist es gelaufen. Nachdem die Dame alle Scheine eingesammelt hatte, zählte sie 450 Euro. Sie begleitete ihre Tochter zum Bahnsteig, setzte sie in den Zug und ging wieder zu der Telefonsäule zurück, um auch noch in dem kleinen Gebüsch dahinter nach Scheinen zu suchen. Und fand darin den letzten 50er. Die 500 waren wieder komplett. Wie irre war das denn? Das trug eindeutig die Handschrift der himmlischen Heerscharen. Und weil der Engel aus Ostfriesland am nächsten Morgen mit seinem Mann für ein paar Tage in Urlaub gefahren war, erfuhr ich erst, als ich den Verlust und damit auch den Ärger über den Verlust des Geldes vergessen hatte, dass in Wahrheit nichts verloren geht.

Und was soll ich sagen, nachdem ich mich bei der Dame immer und immer wieder bedankt hatte, beendeten wir das Gespräch, und ich sah eine Weile still aus dem Fenster.

Vorsicht! Auch Kuscheltiere beißen

Berlin-Neukölln

Ich bin ein bisschen verwirrt. Was meint Heinz Buschkowsky mit »Neukölln ist überall«. Die Toiletten nach der Landung im Flughafen Tegel? Sie stinken wie die in der Altstadt von Neu-Delhi. Ich bin rückwärts wieder rausgegangen, weil ich nicht darauf vorbereitet war. Wenn ich in der Dritten Welt lande, weiß ich, was mich erwartet. Aber ich dachte, ich lande in Berlin. Neukölln ist überall? Für die Dritte-Welt-Gerüche in den Flughafentoiletten kann man die Migranten wirklich nicht verantwortlich machen. Für das Wetter auch nicht. Es ist kein kalter, aber grauer Tag, und alle ahnen, was mit dem Herbst auf sie zukommt. Und wenn ich noch etwas über meine Ankunft sagen darf: Berliner merken es möglicherweise nicht mehr, aber wenn man von woanders kommt, wirken ihre Taxifahrer erst mal unfreundlich. Warum sollten die jungen Türken in Neukölln freundlicher sein?

Sie sind es auch nicht, wie mein erster Spaziergang durch die Sonnenallee ergab. Sie sahen mich genauso an, wie es Neuköllns ehemaliger Bezirksbürgermeister Buschkowsky in seinem Buch beschreibt. So, als mögen sie Deutsche nicht. So, als wäre ich hier fehl am Platz. Dann wurde mir klar, dass sie möglicherweise mein Gesichtsausdruck dazu inspirierte und ihre Blicke nur meine spiegelten. Das ist kein esoterischer Scheiß. Das heißt: Wie du es in den Migranten hineinrufst, so schallt es wieder heraus. Also beschloss ich zu lächeln. »Hallo, haben Sie Linsensuppe?« Natürlich war das zu dem Lächeln auch die richtige Frage in einem türkischen Imbiss. Die drei Männer nahmen mich zwar jetzt noch immer nicht in den Arm, aber die Mauer war nicht mehr da, das war klar, und der Chef begann sogar, ein ganz klein wenig zu lächeln. »Nein«, sagte er, »leider nicht«, und dann führte er mich vor seine Tür, um mir zu zeigen, wo es Linsensuppe gab. Das war ein Anfang.

Die Linsensuppe gab es auf der gegenüberliegenden Seite der Sonnenallee. Zwei Kopftuchfrauen bedienten mich. Bei ihnen wischte mein Lächeln nicht ganz so schnell die Strenge aus den Gesichtern, aber bis ich die Linsensuppe hatte, waren auch sie eingeknickt. Sie konnten nicht anders. Sie waren Türkinnen. Wer immer als Reisender in ihr Land kommt, betet die Gastfreundschaft der Türken an. Sie wurzelt zu tief in ihrer Kultur und in ihrem Herzen, um sie über zwei, drei Generationen in Berlin zu vergessen. Sie schläft nur ein bisschen oder hat sich nur etwas dem legendären Berliner Charme angepasst, aber wenn der Gast ihnen türkisch kommt, werden auch die Türken wieder gastfreundlich. Das funktioniert bei ihnen wie auf Knopfdruck. Egal, ob in Berlin, Istanbul oder Wien. Neukölln ist überall? Was spricht dagegen?

»Migranten«. Ich mag das Wort nicht. »Einwanderer« gefällt mir besser, aber ich hörte, dass »Einwanderer« in dieser Stadt als irgendwie politisch unkorrekt gilt, obwohl »Migranten« die mehr oder weniger direkte Übersetzung davon ist. Und dann hörte ich, dass selbst »Migrant« nicht 100-prozentig koscher sei, stattdessen empfiehlt man mir das »BürgerInnen mit Migrationshintergrund«-Wortungetüm. Komplett anspruchsvoll wird es dann, wenn man die »BürgerInnen mit Migrationshintergrund« (kurz: BmMH) noch näher spezifizieren will und es Schwarzafrikaner sind. Ein ARD-Korrespondent aus Nairobi erzählte mir einmal, dass er regelmäßig von einem deutschen Menschenrechtsverein abgewatscht wird, wenn er in seinen Sendungen von »Schwarzafrika« spricht. »Und was, bitte schön, soll ich sagen, wenn ich nicht das arabische Nordafrika meine?«, fragt er dann jedes Mal. Antwort der Menschenrechtler: »Schwarzafrika heißt Subsahara«. Demnach ist ein Schwarzafrikaner ein Subsaharaist. Bei solchen Wörtern macht nicht mal mehr das Korrekturprogramm meines Computers mit.

Die BürgerInnen mit subsaharaistischem Migrationshintergrund in Neukölln sind sich, wie die Türken, ebenfalls treu geblieben, und das heißt in ihrem Fall: naturverbunden. Man trifft deshalb viele von ihnen im Volkspark Hasenheide an. Sie stehen dort in Gruppen und sind sehr höflich. »Kann ich helfen?«, fragte mich einer von ihnen, als ich vorbeikam, und jetzt Ja zu sagen wäre keine gute Idee gewesen. Nicht nur in Neukölln, sondern eigentlich überall sind die Dealer aus der Subsahara für ihr schlechtes Marihuana bekannt. Es brennt wie ein Feuerwerk ab. »Nein, ich will kein Gras«, sagte ich. »Was wollen Sie dann?«, fragte er. »Ich will zu den Kamelen«, antwortete ich. Und was sagte er?

»Sie stehen direkt vor Ihnen«, sagte der Subsaharaist.

Was war das jetzt? Schwarzer Humor? Verarschung? Oder eine depressive Selbsteinschätzung? Als der Dealer diese Fragen in meinen Augen las, begann er zu lachen und zeigte nach links, wo die Kamele waren. Zwei standen wiederkäuend im Schatten ihres Gatters. Genau genommen handelte es sich um Dromedare, aber was macht das schon? Mitten in Neukölln grasen Kamele, Ponys, Esel, Ziegen, Schafe und andere Streicheltiere, obwohl man sich bei dem kleinen Esel nicht ganz sicher ist. An seinem Zaun ist ein Warnschild angebracht:

»Vorsicht: Manche Streicheltiere beißen.«

Auf Türkisch heißt das: ?
Auf Arabisch heißt das: ?
Auf Polnisch heißt das: ?
Auf Suhaeli heißt das: ?
Auf Hindi heißt das: ?

Wenn Bürgermeister Buschkowsky recht hat, müsste die Warnung vor den bissigen Streicheltieren mindestens sechssprachig vor dem süßen Esel hängen, damit alle Kinder in Neukölln sie verstehen. Sie hängt aber nur in Deutsch da. Ist das eine Retourkutsche für die von Buschkowsky beklagte rein arabische oder türkische Beschriftung in vielen Geschäften des Bezirks? Wenn ihr uns nicht auf Deutsch über eure schicken Kopftücher informiert, dann verraten wir euch auch nicht die Charaktereigenschaften des Eselchens in der Hasenheide? Läuft das so? Geschieht hier gerade dasselbe wie seinerzeit in Babylon, wo erst jeder jeden missverstand und dann alles zum Teufel ging? Ich hoffe nicht, denn ich fühle mich in Neukölln eigentlich ganz wohl.

Klar, ich wohne hier nicht und will es auch nicht. Ich komme als Reisejournalist, als Städteprofi, ich mache Neukölln in drei Tagen, so wie man Amsterdam oder Lissabon in drei Tagen macht, und Leute wie ich finden das nicht schlecht, wenn sie auf der linken Straßenseite plötzlich tief in Istanbul sind und auf der rechten in Beirut. Das hat doch was. Das duftet gut. Kilometerweit wanderte ich am Abend an dampfenden Wasserpfeifen entlang. Apfeltabak, Zitronentabak, Rosenparfüm und dazu all diese vitalen Lichter. Ich weiß, Menschen, die das nicht mögen, nennen sie aggressiv und billig, aber auf Leute wie mich wirkt die Leuchtreklame der orientalischen Geschäfte und Lokale in Neukölln eigentlich nur orientalisch, also bunt, blinkend, kitschig. Das ist der Unterschied zwischen einem kosmopolitischen Durchreisenden, der den Orient liebt, und einem etwas kleinbürgerlich gestrickten Urberliner, der mit dem Orient lebt, und darum, ich sage es noch einmal, verstehe ich Buschkowsky nicht wirklich. Aber ich verstehe auch die Aufregung seiner Kritiker nicht.

Der Mann schreibt nicht mit Schaum vor dem Mund, im Gegenteil, er ist wie jeder zeitgenössische SPD-Politiker voller Verständnis für alles und jeden, solange er keine Steuern hinterzieht, sondern nur von Steuern lebt. Er versteht sogar alle, die beides tun, davon leben und hinterziehen, wie die Hartz IV empfangenden BürgerInnen mit Migrationshintergrund (kurz: BmMH), die in ihren subkulturellen Infrastrukturen cash auf Tatze (kurz: cat) dazuverdienen. Er versteht es, und er kann damit leben. Aber nur schlecht. Und das zu Recht. Würde er gut damit leben, machte er nicht seinen Job.

Knapp die Hälfte aller 360 000 Einwohner von Neukölln hat einen Migrantenhintergrund, das heißt, nur knapp über die Hälfte sind Biodeutsche, wie uns die Türken nennen, wenn sie uns verarschen wollen. Dieses 50:50-Verhältnis zwischen einheimischen und eingewanderten Bürgern wird man überall auf der Welt nicht als Ponyhof, sondern als eine Herausforderung bezeichnen. Eine Herausforderung für Toleranz, Intelligenz und Lernfähigkeit. Das ist nirgendwo leicht, und diese Toleranz, Intelligenz und Lernfähigkeit nicht nur von den Einheimischen, sondern auch von den eingewanderten Bürgern einzufordern ist nicht rassistisch.

Die Grünen sagen das, aber sie können es nicht wirklich ernst meinen. Oder doch. Die Grünen erzählen viel Stuss in den letzten Jahren, und ich verstehe die Partei, die ich mal mitbegründet habe (Ortsverband Wolfenbüttel), auch nicht mehr. Beispiel Sarrazin. Als der sein erstes Buch veröffentlichte (»Deutschland schafft sich ab«), war ich nicht seiner Meinung, aber ich wäre nie auf den Gedanken gekommen, deshalb zu fordern, dass er seinen Job im Vorstand der Bundesbank verlieren müsse, wie es die Grünen taten. Sie kamen damit durch, und das ist Berufsverbot, meine Damen und Herren. Bei seinem zweiten Buch (»Europa braucht den Euro nicht«) wollten sie verhindern, dass Sarrazin bei Günther Jauch in der ARD darüber mit Peer Steinbrück streiten konnte, aber damit kamen sie nicht durch, zum Glück, denn das wäre öffentlich-rechtliches Diskussionsverbot. Und jetzt, bei Buschkowsky, versuchen sie es wieder mit der Rassismuskeule, obwohl es in seinem Buch ganz offensichtlich nicht um Rassismus geht, sondern um den Clash der Kulturen, um intolerante Religionen und ganz allgemein um zu wenig Geld. Die Grünen mutieren zur Meinungspolizei, und Leute wie Bürgermeister Buschkowsky sollten ihrerseits darauf achten, dass sie nicht Zwietracht auf einem Acker säen, auf dem bereits ohnehin zu viel von diesem Unkraut wächst. Missverständnisse. Ängste.

Wenn fünf junge Türken, von denen drei Kapuzenpullis tragen, vor einer Shisha-Bar rumhängen, muss das nicht zwingend eine Jugendgang sein. »Du deutsch, du Opfer«, habe ich hier noch nicht einmal gehört. Und ich bin jetzt drei Tage da. Ich bin in diesen drei Tagen auch nur zwei Kampfhunden begegnet. Das sind für Berlin nicht überdurchschnittlich viele. Auch hat mich noch keine der Macho-Karren mit Migrantenhintergrund auf den Straßen Neuköllns in Bedrängnis und Gefahr gebracht, dafür aber fünf biodeutsche Fahrradfahrer. Apropos: Buschkowsky gefällt nicht, dass die Neuköllner Türken gerne in Dreierreihen parken. Einer auf dem Bürgersteig, einer auf dem Seitenstreifen und einer auf der Fahrbahn, und wenn man was dagegen sagt, schüttele man möglicherweise am Ohrfeigenbaum. »Gibt's ein Problem? Können wir gleich lösen.« Auch das habe ich bisher in diesem Stadtteil weder gesehen noch gehört, aber ich hörte und sah es bei einem Kurzausflug nach Charlottenburg in Ku'dammnähe. Neukölln ist überall, nur nicht in Neukölln? Manchmal.

Ich gebe zu, drei Tage sind nicht viel, und ich habe auch nicht in jede Straße und jede dunkle Ecke hineingeschaut. Ich gehöre (nicht mehr) zu den Journalisten, die, egal, wohin sie kommen, als Erstes die Leute fragen: »Wo ist es denn bei euch am schlimmsten?« Ich schaue mir gerne die schönen Seiten des Stadtteillebens an, und davon gibt es in Neukölln noch jede Menge. Die »Café-Bäckerei Süss« zum Beispiel, am Hermannplatz. Das Spiegelei-Frühstück mit Kaffee ist ungewöhnlich gut und für 3,80 Euro sensationell billig. Und die Frauen, die hinter der Theke stehen, sind wie der Name der Bäckerei. Für viele ihrer Gäste gilt dasselbe. Süß bis sexy. Ich habe dort heute Morgen wieder einige Türkinnen beobachten dürfen, die zwar Kopftuch trugen, aber dazu waren sie allerliebst geschminkt und enorm körperbetont angezogen. Schwarze Stiefel, hautenge Hosen, taillierte Kostümjacken. Das nennt man Istanbul-Stil. Neukölln ist überall. In diesem Fall wäre das fantastisch.

Die Hindus haben fünf Minuten zu Fuß vom Hermannplatz einen Tempel. Er sieht nicht wie ein Tempel aus, und er steht auch etwas zurückgezogen am Rand der Hasenheide. Ein ganz und gar weißer Brahmane – weiße Gewänder, weiße Haare, weißer Bart und alles bodenlang – eröffnete die Zeremonie mit beruhigendem Gebrummel und Glöckchenklang. Den recht großen Saal bumsvoll zu nennen wäre jetzt übertrieben. Fünf Frauen saßen auf den Teppichen und sangen melodische indische Lieder, und ich saß auf einem Stuhl und sang nicht. Mehr Ganesha-Gläubige gab's grad nicht, und mir war es nur recht. Durch die Fenster sah ich in den grünen Park, und vor mir wurden Lichterschalen für Ganesha geschwungen. Der Gott mit dem

Elefantenkopf ist der Überwinder aller Schwierigkeiten. Entweder drückt er sie mit seinem Schädel zur Seite, oder er spießt sie auf, und wenn beides nicht geht, schickt er seine Ratte los, um Schlupflöcher zu suchen. Sie ist auf allen Ganesha-Abbildungen zu sehen, und mittlerweile glaube ich, die Ratte steht für Kreativität

Ich wollte gehen, aber eine liebe alte Inderin kam auf mich zugelaufen. »Warten Sie noch«, sagte sie. »Wie lange?« – »Fünf Minuten.«

Als die fünf Minuten verstrichen waren, kehrte sie zurück und schenkte mir eine indische Süßspeise in einem großen Plastikbecher sowie eine Banane. Die Banane aß ich später, die Süßspeise sofort. Es war diese klassische Joghurt-Sahne-Kombination mit Mandelsplittern und Nüssen. Sie schmeckte zum Niederknien. Sie schmeckte wie in Indien. Neukölln ist überall, aber das wissen wir nun schon.

Ein letztes Wort zur Single-Story. So nennt man Geschichten, die zwar wahr sind, aber trotzdem nicht die ganze Wahrheit widerspiegeln, weil sie Einzelfälle erzählen. Weil in Neukölln vor Jahren ein durchgeknallter Türke seine Frau enthauptet und ihren Kopf aus dem Fenster geworfen hat, muss man hier nicht dauernd nach oben schauen, um nicht von herunterfallenden Körperteilen getroffen zu werden. Dasselbe gilt für alle anderen bösen Geschichten. Es gibt sie, aber nicht nur sie, und es gibt sie überall, nicht nur in Neukölln. Und bevor ich es vergesse:

»Vorsicht: Auch Streicheltiere beißen« heißt auf

Türkisch: Dikkat! Ayrica uysal hayvanlar isirirlar.

Arabisch: Alhudhra! Aydaan huywanat`alifat lidaghghatin.

Polnisch: Uwaga! Rowniez oswojone zwierzeta gryza.

Suaheli: Tahadhari! Pia wanyama kuuma.

Hindi: Chetaavanee! Isake alaava vash mein jaanavaron ke kaatane.

Verrückte Elefanten

Indien

Die Geschichten, die ich hier erzählen möchte, hören sich vielleicht ein bisschen unglaubwürdig an. Und wenn ich, um Zweifel zu zerstreuen, auf die indischen Zeitungen hinweise, in denen ich sie gelesen habe, mag das für Leute, die Indien nicht kennen, noch immer kein Beweis für ihren Wahrheitsgehalt sein. Indienexperten dagegen werden mir zumindest bestätigen, dass die Zeitungen des Subkontinents seriös sind, im Grunde sogar seriöser als viele unserer Medien, weil der Journalismus zwischen Mumbai, Neu-Delhi und Kalkutta nach wie vor staubtrocken und handwerklich erzkonservativ funktioniert. Autoren, die wie ich nichts dagegen haben, dass ihre Leser hin und wieder lachen, hätten links und rechts des Ganges wenig Verdienstmöglichkeiten. Die Vertrauenswürdigkeit der Quellen sah ich deshalb als gegeben, trotzdem wollte ich anfangs diese Geschichten noch einmal vor Ort nachrecherchieren, was dann leider daran scheiterte, dass der Fotograf, der mich begleitete, große Angst vor Elefanten hatte und Tag für Tag alles daransetzte, dass wir keine trafen. Erst verzögerte er mit immer neuen Gründen unsere Abreise aus Neu-Delhi um satte drei Wochen, dann überredete er mich dazu, eine andere (leichtere) Geschichte noch schnell vorher zu machen, und als wir mit der ebenfalls scheiterten, hatte ich alle Vorschüsse für die Reise zu den verrückten Elefanten verbraten. Stattdessen besuchte ich in den Jahren darauf immer mal wieder die Zoos in Berlin, Hamburg und Bremerhaven, um die Elefantenpfleger mit den Geschichten, die ich hier erzählen will, zu konfrontieren, und keiner hatte Probleme damit, sie als Wahrheit zu akzeptieren, im Gegenteil, sie hatten selbst davon gehört und gelesen. Außerdem: Wer Elefanten kennt, weiß, was sie draufhaben. Sie können (unter anderem) strategisch denken.

Es geschah im Himalaja, unweit der Stadt Haridwar. Die neue Eisenbahnstrecke von Neu-Delhi nach Dehradun führte mitten durch den Rajaji-Nationalpark, in dem wilde Elefanten leben. Natürlich hatte niemand beim Verlegen der Schienen darauf geachtet, ob sie die Pfade der Herden kreuzten, und die Elefanten achteten ebenfalls nicht darauf. Sie gingen weiter ihre alten Wege. Das war kein Kunststück. Es gibt kein Tier, außer vielleicht der Schnecke, das Schwierigkeiten damit hätte, Schienenstränge zu überqueren, na gut, Regenwürmer mögen sich dabei auch schwerer als andere tun, aber Elefanten haben damit überhaupt kein Problem, es sei denn, ein Zug nähert sich ihnen mit hoher Geschwindigkeit. Um nicht ein ganzes Volk in Verruf zu bringen, sei hier darauf hingewiesen, dass es in Indien durchaus Zugführer gibt, die für Elefanten halten, aber es gibt auch andere. Vielleicht versuchten sie, eine Verspätung aufzuholen, vielleicht waren sie betrunken, vielleicht hatten sie ein Nickerchen gemacht, vielleicht folgten sie Befehlen, es gibt viele mögliche Ursachen, aber nur einen Fakt. Sie hielten nicht, und wer nicht schnell genug von den Schienen herunterkam, wurde bei der Kollision getötet oder schwer verletzt. In der Regel waren das die ganz jungen, die ganz alten oder die kranken Tiere, und da Elefanten nicht darwinistisch, sondern sozial ticken, reagierte die Herde jedes Mal mit großer Trauer darauf und zunehmend auch mit großer Wut. So wurde der Zug ihr Feind.

Bis zu diesem Punkt der Geschichte ist also nichts wirklich Außergewöhnliches zu berichten, denn dass es böse

Menschen gibt und Elefanten zusammenhalten, ist bekannt. Aber wie darf man sich dann die Vorbereitungen zum Gegenangriff der Tiere vorstellen? Haben sie sich zusammengesetzt und Kriegsrat gehalten, wie man den Zug stoppen könnte? Ganz sicher nicht. Ein Elefant wird damit begonnen haben, Bäume zu entwurzeln und auf die Schienen zu legen, und die anderen machten es ihm nach. Als der Zug von Neu-Delhi nach Dehradun das nächste Mal diesen Teilabschnitt der Strecke erreichte, musste er halten, und die Attacke begann. Zu Tode erschrockene Passagiere sahen Elefanten auf die Waggons zustürmen, um sie zu rammen und umzukippen. Es spricht für die indische Eisenbahn, dass die Tiere, obwohl sie es immer und immer wieder versuchten, es letztendlich nicht schafften. Der Zug floh im Rückwärtsgang.

Noch mal: Ich glaube diese Geschichte, weil ich indischen Journalisten glaube. Die beiden großen überregionalen Zeitungen des Subkontinents, »Times of India« und »Hindustan Times«, berichteten darüber. Sie interviewten alle Schaffner des Zuges und viele Passagiere. Nur die Lokführer wollten nichts sagen, ich nehme an, weil sie sich schämten. Danach ist es nicht mehr zu Unfällen auf der Strecke gekommen, weil man innerhalb des Reservats die Geschwindigkeit der Züge drosselte. Die Elefanten hatten ihren Kampf gegen die Eisenbahn gewonnen. Eine gewonnene Schlacht in einem ansonsten längst verlorenen Krieg, überall in Indien beschneiden die Bedürfnisse der Menschen den Lebensraum der wilden Tiere.

Auch die nächste Geschichte erzählt deshalb von einer Ausnahme und nicht von der Regel. Sie spielt ebenfalls im Himalaja, allerdings weiter östlich, im indischen Bundesstaat Bihar. Dort wurden große Teile des Dschungels gerodet, um neue Reisfelder anzulegen. Die Folgen: satte Menschen, hungrige Elefanten. Nur einer der betroffenen

Dickhäuter ersann eine Möglichkeit, sich weiterhin ausreichend zu ernähren. Seine Lösung fand unter der Überschrift »Elefantenzoll« ihren Weg in die indischen Medien.

Ein ausgewachsener Elefantenbulle wiegt bis zu sieben Tonnen. Bei einer Kollision mit Lokomotiven zieht er den Kürzeren, aber normale Pkws haben gegen ihn keine Chance. Die Straße, an der sich der Bulle postierte, war so schmal, dass kein Weg um ihn herumführte. Was der Elefant wollte? Bananen. Nicht eine, nicht zwei, nicht drei, nur für eine volle Staude machte er die Straße wieder frei. Dass dieser Zoll nicht nur wenige Tage, sondern Monate lang existierte, sagt natürlich auch einiges über die indische Mentalität. In anderen Ländern hätte man auf diese Amtsanmaßung mit Kugeln, Speeren und Macheten reagiert oder mit Betäubungspfeilen, um den bewusstlosen Elefanten in ein Reservat abzutransportieren. Vielleicht, sagen wir in Deutschland, würde sich auch ein Zirkus für ihn interessieren, oder ein Zoodirektor oder jemand vom Film. In Indien dagegen baut irgendwer an der Kurve davor einen Bananenstand auf, und das war's dann, denn so geht's doch auch.

Elefantenzugüberfall, Elefantenzoll ... welche Geschichte erzähle ich als Nächstes? Für meine Leser wäre eine unmoralische am besten. Im Bundesstaat Assam, nahe der nepalesischen Grenze, gibt es viele Teeplantagen, auf denen Arbeitselefanten eingesetzt werden. Man ließ hier nur weibliche Elefanten schuften. Trotzdem kam es Jahr für Jahr immer wieder zu Schwangerschaften bei den Tieren. Weil Hindus nicht an unbefleckte Empfängnis glauben, legten sich Ranger im Gebüsch auf die Lauer und wurden Zeugen eines politically unkorrekten Geschehens. Elefantenbullen aus Nepal kamen nachts über die grüne Grenze, begatteten die Kühe und verschwanden dann sofort wieder ins Nachbarland. Sextourismus unter Elefanten. Um die moralische Integrität dieser Tiere nicht völlig infrage zu stellen, sollte man an dieser Stelle aber auch unbedingt von der romantischen Liebe berichten, zu der Elefanten fähig sind.

Auf der Andamanen-Inselgruppe, die zwischen dem Subkontinent und Südostasien im Meer von Bengalen liegt, werden ebenfalls Arbeitselefanten in Teeplantagen eingesetzt. Wie in Assam wünscht man dort nicht zu viel freie Liebe zwischen den Tieren, und schon gar nicht während der Dienstzeiten. Man entschloss sich deshalb, ein besonders hartnäckiges Liebespaar für immer zu trennen. Die Elefantenkuh wurde zu einer Plantage auf eine Nachbarinsel verschifft. Leider war dann auch ihr Liebhaber alsbald verschwunden, denn er ist seiner Kuh des Herzens durch das Meer hinterhergeschwommen und tatsächlich auf der anderen Insel angekommen. Die Mahus, die indischen Elefantentreiber, belohnten diese fabelhafte Leistung. Das Paar durfte fortan zusammenbleiben.

Elefanten können nicht nur gut schwimmen, sie haben auch ein fast schon sprichwörtliches Gedächtnis. Das bringt Probleme mit sich. Tatort: ein kleiner Friedhof im indischen Wüstenstaat Rajasthan. Eine Gruppe verwilderter ehemaliger Arbeitselefanten zog dort vorbei. Ein Inder, der an der Mauer des Friedhofs saß, langweilte sich und warf ein paar Steine nach ihnen. Nun war es mit der Langeweile vorbei. Ein Jungbulle scherte aus, lief zu dem Mann und trampelte ihn zu Brei. Die Elefanten zogen weiter, der Tote wurde auf dem Friedhof begraben. Eine Woche später kehrten die Tiere zurück; sie ziehen halt gern auf bekannten Pfaden. Diesmal aber führte sie ihr Weg nicht an dem Friedhof vorbei, sondern direkt zu den Gräbern. Wollten sie sich entschuldigen? Fanden sie inzwischen selbst das Verhalten ihres Jungbullen overacted? Es sah nicht so aus. Sie buddelten das Grab ihres Opfers auf und trampelten noch mal auf die Leiche drauf. Unter indischen Wissenschaftlern entstand daraufhin ein Streit. Das eine Lager wertete diese Tat als Beweis dafür, dass Elefanten doch keinen so guten Charakter haben, die andere Fraktion sah das nicht so. Für sie war es eher eine Geschmackssache. Die Moslems in Rajasthan reinigen ihre Toten mit Salz, und das hatten die Elefanten gerochen. Das war ihr Begehr. Ich weiß nicht, welche Erklärung stimmt, aber mir wäre die Salztheorie die liebste, denn ich mag im Grunde keine Tiere, die so rachsüchtig wie Menschen sind.

Es gibt keine schlechten Tiere, es gibt nur schlechte Getränke. Darum noch mal zurück nach Assam, in den Bundesstaat des Tees. Dort brauen die Plantagenarbeiter in großen Fässern Reisbier, weil Leute, die den ganzen Tag mit Tee arbeiten, nach Feierabend Lust auf was anderes haben. Das Bier schmeckt nicht, aber es wirkt. Es bringt selbst Elefanten aus dem Takt, und das hatte sich rumgesprochen. Gruppen von halbstarken Jungbullen brachen jedes Jahr in die Bierhütten ein und hängten ihre Rüssel in die Fässer. Nachher machten sie das, was weltweit jeder Besoffene tut: nerven, torkeln, alles niedertrampeln – Felder, Hütten, Autos, Inder. Da helfen weder Alka-Seltzer noch Aspirin noch ein Eimer kaltes Wasser, deshalb schwört man in Indien auf die ernüchternde Wirkung einer .458 Winchester Magnum. Historiker bestätigen das. Nach der Erfindung der Schusswaffen hat es keine Kriegselefanten mehr gegeben, die übrigens auch alle besoffen waren. Hannibal ließ seine Kampfelefanten mit Alkohol aufputschen.

Darum sollten sich Zoobesucher genau überlegen, was sie ihren Lieblingen zum Naschen geben. Die Elefantenpfleger sagen: Gut sind Bananen. Nicht gut sind Likörpralinen. Davon wird zwar niemand sturzbesoffen, nur beschwipst, aber was passiert, wenn sieben Tonnen Lebendgewicht angeheitert werden, wissen wir von den Festen, auf denen Oma zu viel Eierlikör trinkt. Im Berliner Zoo passierte nach der Likörpraline Folgendes: Irgendwer hatte im Freigehege einen Hammer liegen lassen. Eines der Tiere schnappte sich den Hammer mit seinem Rüssel und schlug damit sämtliche Fenster zum Innengehege ein. Auch das war ein indischer Elefant, und an dem Tag, als ich in sein Gehege trat, war er zwar nüchtern, wie der Pfleger sagte, aber a) hatte der seine Augen auch nicht überall, und b) mag ich nur Tiere, die mir bis zu den Knien gehen. Alles darüber ist mir suspekt. Bei Elefanten sind selbst die Babys größer und stärker als ich. Ein indisches Elefantenbaby lief also auf mich zu, und ich lief weg. »Nein, das dürfen Sie nicht«, rief der Pfleger, »bleiben Sie stehen!« Ich lebe noch, weil ich nicht auf ihn hörte. Ein Jahr später ist zwar nicht im Berliner, aber im Wiener Zoo etwas Ähnliches geschehen. Ein Elefantenjunges lief auf seinen Pfleger zu. Der Pfleger blieb stehen. Der Pfleger war tot. Aber der Kleine hat's ja nicht bös gemeint.

Heimat – Eine Geschichte voller Irrtümer

Nirgendwo

Wenn Heimat da ist, wo man herkommt, wäre das bei mir Ostwestfalen. Wenn Heimat sich auf die spirituelle Verankerung bezieht, müsste ich eine Region im Himalaja benennen, und die Heimat meiner Träume ist der Orient. Auch ein Schreibtisch kann Heimat sein oder Heimat werden, egal, wo ich bin, sogar in Bielefeld. Lesungen bringen mich ab und zu in die Gegend, und eine Zeit lang dachte ich, Mensch, das ist ja ein Ding, so grün wie im Teutoburger Wald grünt es nirgendwo, so heimelig, so in dem Licht und den Schatten der Kindheit. Und auch, wie sie hier »Kirche« sagen. Es ist kein Dialekt, nur ein Akzent mit Kartoffelaroma. Dazu bauernschlauer Blick und verhaltene Mimik sowie verhaltene Gestik. Auch verhaltener Stolz. Ein bisschen langweilig, aber grundsolide und im Rahmen der Menschenrechte zu jedem Scheiß bereit. Das ist der Ostwestfale. Und das bin ich, wenn man die Zwiebel schält und von allen kosmopolitischen Häuten befreit. So dachte ich in der letzten Zeit, bis ich eine Cocktailbar in Bad Salzuflen betrat. Was das Interieur, die Dekoration, die Qualität der Getränke und die Musik angeht, ist sie von ostwestfälischer Perfektion. Auch der Chef war ein Bilderbuchexemplar meiner Heimat. Blond, blauäugig, bauchig, gebügelter Vollbart.

Ich bestellte einen kubanischen Fruchtsaft auf Rumbasis, der hervorragend wirkte, und schaute vertrauensselig in das Landvogt-Gesicht.

Irgendwas darin stimmte nicht. Machte ich etwas falsch? Das Schöne an der Kommunikation in der Heimat ist seine Unmissverständlichkeit. Man versteht jeden Zug der Augenbraue, jeden halben Satz der Mundwinkel, und dieses Gesicht sagte mir, dass es mich nicht ernst nahm. »Sie sind ein bisschen nervös heute«, sagte er mit tadelndem Ton und schaute dabei auf meine rechte Hand, die seine Mahagoni-Theke bearbeitete. Und auf der Stelle war Schluss mit meiner Heimatfindung in Ostwestfalen, auf der Stelle wusste ich wieder, warum ich vor 40 Jahren erst nach Hamburg und dann in die große weite Welt ausgewandert bin, denn was der Ostwestfale nervös nennt, ist verdammt noch mal Salsa.

Heimat. Eine Geschichte voller Irrtümer.

Ich ging in Havanna über eine Brücke aus wurmstichigem Material. Zusammengeflickte Boote dümpelten auf dem Wasser, Rost-Chevies rumpelten an mir vorbei, und jede der Hauswände hier wäre in Ostwestfalen ein Skandal. Balkontüren ohne Balkon, Fenster ohne Scheiben, Dächer wie ein Damoklesschwert. Ich war auf dem Weg zu einem der kaputtesten Viertel der kaputten Stadt, und mein Herz badete in heimatlichen Gefühlen, denn mit jedem Schritt kam ich tiefer nach Haus. Heimat ist da, wo du liebst, dachte ich, und meinte Marlene. Und ihren dünnen Vater und den Schaukelstuhl, meinen Ehrenplatz in ihrer kaputten Wohnung. Ich meinte die Stimmen ihrer Nachbarn, ihr schmutziges Spanisch, ihren Reis und ihre Bohnen. Und natürlich meinte ich auch ihre Lieder. Man verliebt sich gern ganzheitlich. Und schon ist das Heimat.

Doch wir leben in Zeiten, in denen die Liebe nicht mehr sesshaft ist. Sie ist mittlerweile ein Nomadenkind geworden, und wenn sie ihre Zelte abbricht und weiterzieht, bin ich die neue Heimat wieder los. Heimatlos ist nur ein anderes Wort für on the road, aber auch Straßen, Bahnhöfe und

Hafenstädte können zur Heimat werden, und dann sitzt man an »The Dock Of The Bay« wie auf seiner Wohnzimmercouch. Dann ist man überall zu Haus. Aber das ist kein leichter Weg. Die Wanderheiligen Indiens empfehlen ihn. Nicht alle, aber fast alle Sadhu-Orden des Subkontinents verbieten ihren Mönchen, länger als drei Tage an einem Ort zu bleiben, damit sich ihre Seelen nirgendwo anders zu Hause fühlen können als in Gott. Nun, Gott ist ein weiter Begriff. Er meint alles, aber auch nichts. Und keiner weiß Genaueres.

Auf den neuesten Fotos der NASA sind am Horizont des Weltalls Wolken zu sehen, deren Schlieren Sternennebel sind. Eine mit Galaxien gefüllte Wolke türmt sich auf die andere zu Wolkenbergen, und ein Ende ist bei dem heutigen Stand der Technik nicht in Sicht. Die Wissenschaft befürchtet, dass auch mit tausendmal stärkeren Fernrohren das Ende des Weltalls nicht ausgemacht werden kann, und es ist klar, dass diese Vermutung die Astronomen ein bisschen flippt. Für sie ist die Heimat der Himmelskörper, auf dem sie stehen. Unsere gemütliche kleine Erde, der kuschelige Blaue Planet.

Morgen fliege ich nach Rio de Janeiro, Stopover in Amsterdam. Keine Panik, ich habe die ganze Nacht. Und noch wurden die guten alten Coffeeshops von den neuen Zeiten nicht dichtgemacht. Heimat ist, wo ich kiffen kann und der Schweiß der Go-go-Girls aus Surinam an den Stangen klebt. Heimat ist, wo alles begann. Wo der Stein ins Rollen kam. Im Sommer 68, bei einem Konzert von Steppenwolf. Man sang »Born To Be Wild« und wandelte breit. Und morgen ist fast Vollmond, verdammt noch mal, und das ist fast ideal für einen kurzen Heimaturlaub dieser Art. Makellos rund wird der Mond erst sein, wenn ich in Rio bin. Aber warum auch immer, der Zuckerhut war noch nie ein Heimatberg für mich.

Einen Tag später.

Ich war in drei Coffeeshops. Im ersten rauchte ich einen Joint und dann eine Zigarette. Sofort kam wer an und verbot mir nicht den Joint, aber die Marlboro. Damit konnte ich leben, das fühlte sich heimatlich an, aber es gefiel ihm auch nicht, dass ich meinen Laptop aufgeschlagen hatte, um zu arbeiten. Er brauchte den Tisch für (mögliche) neue Gäste. Im zweiten Coffeeshop wollte ich nur einen Kaffee. Geht nicht, sagte der Mann hinter der Theke. Erst musst du Haschisch kaufen, dann kriegst du deinen Cappuccino. »Aber ich bin schon stoned.« Das war überhaupt kein Argument für ihn. Im dritten Coffeeshop rauchte ich den dritten Joint, um ein Wasser zu bekommen. Das Fläschchen kostete 2,50 Euro, der Joint fünf. Ich bezahlte und schaute wegen der Überdosis bereits ein wenig blöd aus der Wäsche, was in dem Coffeeshop-Mitarbeiter Hoffnungen zu wecken schien. Er fragte mich tatsächlich, ob ich auf meinen 20-Euro-Schein Wechselgeld rausbekommen wolle. Danach schwor ich mir, nie wieder ohne Not Amsterdam zu besuchen. (Alte) Heimat ist in den Erinnerungen. Machst du den Reality-Check in der Gegenwart, ist sie verschwunden.

Das schönste Mädchen der Nacht

Rio

Zwölf Tage sehe ich Jesus, von morgens bis abends und auch noch in der Nacht, denn er ist erleuchtet, und zwar in Blau, was ihm gut steht. Vor mir der Cristo, hinter mir der Zuckerhut und unter mir die Hängematte. Das Bett der Indianer schaukelt mich aus den Sorgen, die Luftfeuchtigkeit pumpt den Jetlag raus, und man bietet mir einen Moquito an. Ich lehne vorerst ab. Es dunkelt noch nicht, außerdem habe ich mir vorgenommen, Brasilien mal ohne Alkohol zu probieren. Mein Freund lacht. Er hat gut lachen. Sein Haus steht 50 Meter vom Strand entfernt, und seine Frau ist schön. Er wird 60, darum bin ich hier. Und warum noch? Man weiß das nie so genau, wenn es auf Reisen geht.

Manchmal schäle ich mich aus der Hängematte heraus und setze den Sonnenhut auf, um einen Spaziergang zu machen. Am Strand wird Fußball gespielt, Volleyball und Foot-Volley, was die anspruchsvollste Stranddisziplin ist. Man muss den Ball mit den Füßen, der Brust oder dem Kopf über das Netz bringen, Hände sind verboten. Das erfordert eine Körperbeherrschung im Grenzbereich zur Artistik, und in diesem Grenzbereich sind hier alle unterwegs. Die Surfer und die Gangs. Die Guten und die Bösen. In Urca aber, dem Stadtteil, in dem mein Freund wohnt, gibt es keine Bösen. Stadtteil ist zu viel gesagt, Stadtteilchen wäre passender. Urca liegt an einer der kleinsten Buchten von Rio, und weil dort die Militärakademien der Marine stehen, kann man davon ausgehen, dass am Strand jeder Zweite ein Elitesoldat in Badehose ist. In Urca geht man deshalb unbehelligt von Rios Räubern vor der Mutter aller Ansichtskarten spazieren. In Polaroid, also nur in saftigen Farben, spiegeln sich in den Gläsern meiner Sonnenbrille das Meer, der Himmel und die knallgrünen Palmen. Riesige Schmetterlinge, so bunt wie Papageien, sowie die Papageien selbst tupfen sich in mein Gemüt, und es gibt hier eine Blume, die man »die schamlose Maria« nennt, weil sie das ganze Jahr über blüht. Und noch immer will ich keinen Moquito, keinen Caipirinha, keinen Limettensaft mit Zuckerrohrschnaps, ich weiß nicht, warum. Ich weiß nur, dass ich schon ewig nicht mehr so tiefenentspannt gewesen bin.

Mit dem Regen kommt der Wechsel. Er ist überfällig. Die Stadt wartet seit dem Ende des Karnevals auch auf das Ende der heißen Zeit. Es regnet drei Tage, danach pendelt sich das Klima auf Temperaturen zwischen 25 und 28 Grad ein. Ich vergrößere meinen Bewegungsradius und fahre mit einem Taxi durch die viel besungenen Stadtteile Copacabana, Ipanema und Leblon zum Strand der Drachenflieger in São Conrado am anderen Ende der Stadt. So etwas sollte ich besser lassen. Ich habe Höhenangst, aber das hatte ich vergessen. Ich sah die Drachen durch den polaroidblauen Himmel gleiten und jedes Mal leicht und sicher landen. Drachenfliegen zählt neben Fußball und Wellenreiten zu den drei großen Volkssportarten in Brasilien, und manche Profis fliegen Tandem mit Touristen. 100 Euro für 25 Minuten. Start: die »Rampa«. Ziel: der Strand. Dazwischen liegen 560 Meter Höhenunterschied und zehn Liter Adrenalin.

Die Fahrt zur Rampa führt in zahllosen Kurven durch eine Vegetation, die wie Regenwald aussieht und wahrscheinlich auch Regenwald ist. Rios Infrastruktur endet hier am Straßenrand ohne Übergang in einem subtropischen Freiwuchs, der mich an den Amazonas erinnert, oder genauer, an den Regenwald am Oberlauf des Rio Negro, sechs Flugstunden von Rio de Janeiro entfernt. Allein das muss man sich auf der Zunge zergehen lassen: Nach sechs Stunden Flug ist man noch immer im selben Land. Aber nicht mehr in derselben Welt. Sieben Wochen ging ich dort mit einer Gruppe von Goldsuchern abenteuerhungrig durch den Wald und wurde diesbezüglich sehr schnell satt, um nicht zu sagen, übersatt. Die Highlights waren: zwei Direktkontakte mit menschenfressenden Jaguaren, Beschuss aus einem Militärhubschrauber beim Überqueren der grünen Grenze nach Venezuela und der Sprung auf ein Krokodil, als ein Kanu unterzugehen drohte. Und jeden Abend feierte man das Überleben in der Hängematte. Das ist über 20 Jahre her, und die Hängematte habe ich immer noch, aber nicht mehr den Mut. Der reicht mittlerweile nur noch bis zur Rampa.

Sie ist eine sieben Meter lange und zehn Meter breite Plattform aus Holz, die genügend abschüssig steht, um auf Startgeschwindigkeit zu kommen. Mein Tandempilot ist ein erfahrener alter Drachenflieger, mit einem tief gebräunten Belmondo-Gesicht. Seine Lachfalten beruhigen mich, trotzdem muss ich vorher noch schnell etwa zehn Mal pissen gehen und drei Zigaretten rauchen, bevor ich bereit bin, mich mit ihm und seinem Drachen in die Tiefe zu stürzen. Wir nehmen die Lenkstange in die Hände und laufen mit aller Kraft und so schnell wir können sieben, vielleicht auch acht Schritte die Rampe hinab, und ich darf dabei nicht nach unten sehen, sondern nur geradeaus, in den Horizont, wo große Vögel ihre Runden drehen. Sollte ich trotzdem nach unten sehen, erklärt mir das Belmondo-Lächeln, würde ich mit Sicherheit den letzten Schritt abstoppen, und das dürfe auf keinen Fall geschehen. So werfen wir uns in den Himmel, und ich höre die Luft rauschen, wie die Vögel sie hören, und das gefällt mir, aber die Vogelperspektive gefällt mir nicht. Säße ich jetzt in einer Boeing oder einem Airbus, würde ich sagen: Wahnsinn, die schönste Stadt der Welt von oben, Bucht an Bucht, alle Strände, Jesus in der Ferne, und zwischen zwei der dschungelüberwachsenen Zucker- und Fingerhutberge geht gerade die Sonne unter. Ich sitze aber nicht in einem Flugzeug, sondern hänge unter ein paar Stoffplanen, die mit fragilen Aluminumstangen zu Flügeln gespannt wurden, an einem Nylonseil, und das ist nicht mein Ding.

Mein Ding ist Tanzen.

Der Saal ist so groß wie eine Markthalle und noch fast leer, denn wir sind früh da, um einen guten Tisch zu kriegen. Auf der Bühne baut die Band in Zeitlupe ihr Equipment auf, und ebenso langsam füllt sich der Saal um uns mit Publikum. Langsam, aber sicher, denn hinten scheint es kein Ende zu geben, ständig kommen Gäste nach. Es ist 22 Uhr 30. Um 23 Uhr sind alle Tische und Stühle besetzt, bis Mitternacht füllen sich die Freiräume dazwischen, der Hauptgang, die Nebengänge und die Tanzfläche vor der Bühne.

Auf ihr sind die Techniker noch immer in Zeitlupe versunken, aber eine CD der Band funktioniert als Aufwärmmusik. Man wippt sich ein. Das geschieht kollektiv, weil man so nah beieinandersteht. Zehn Minuten später wird der zweite Gang eingelegt, und die Hüften machen mit. Wie bei einer Suppe, die aufkocht und die ersten Blasen schlägt, kann man sich weitere zehn Minuten später hier und da nicht länger zurückhalten, und vereinzelter Paartanz schlägt aus. Das hat natürlich auch etwas mit Alkohol zu tun, und mein Freund hat völlig recht. Nüchtern schaut man nur zu. Ich trinke deshalb nun endlich Maracujasaft mit Zuckerrohrschnaps, die Band beginnt, und alles wird gut. Brasilien tanzt.

Ich wache unter einer Aircondition auf. Jemand hält mich von hinten unter die Luftdusche, und als ich wieder weiß, wo und wer ich bin, drehe ich mich um und sehe eine hochgewachsene Mulattin aus der Abteilung jedermanns Traum. Haare bis zum Arsch, Beine bis zum Hals und Helfersyndrom. »My name is Angel«, sagt sie. Um uns herum tanzt Brasilien weiter, als wäre nichts geschehen. Ich hasse diese Blackouts. Ich hasse Tequila. Angel sorgt dafür, dass ich von jetzt an nur noch Bier trinke und sie den Weg in mein Bett findet. Mittlerweile bin ich ausgenüchtert genug, um eine Erektion zu bekommen und zu halten, aber noch immer zu betrunken, um was daraus zu machen. Ich beklage Orgasmusschwierigkeiten. Des einen Leid, des anderen Freud. Angel hat's gefallen.

Am nächsten Tag schlägt Angel vor, abends noch mal dasselbe zu machen. Ich sage »no«, und möglicherweise versteht sie das falsch. Ich habe in der Nacht 100 Dollar dafür bezahlt, sie mehrfach zu befriedigen, und wahrscheinlich glaubt sie nun, dass ich nüchtern geiziger sei.

»Okay«, sagt sie, »50.«

»No«, sage ich.

»30.«

»No.«

»20.«

»No.«

Es gibt verschiedene Gründe, bei dem Nein zu bleiben, und keiner hat mit Geld zu tun. Warum versteht sie das nicht? Ich bin nur besoffen ein Opfer der Prostitution. Außerdem gefällt mir nüchtern ihr Gesicht nicht mehr. Ich bin kein Perfektionist, aber Nasenfetischist. Noch dazu denkt kein Mensch, der grad in den Klauen eines heftigen Katers ist, gern an Sex.

»Dann mache ich es umsonst«, sagt sie.

»No.«

Der Unterschied zwischen einer deutschen und einer brasilianischen Hure ist, dass die deutsche jetzt aufgegeben hätte. Angel bleibt am Ball.

»Okay, ich bezahle dich«, sagt sie.

»Was?!«

»Sagen wir 30.«

»Dollar?«

»Nein, Real.«

»No.«

»Ich kann uns was kochen.«

»No.«

»Und ich habe Rum zu Hause.«

»No«.

»Ein bisschen Marihuana habe ich auch.«

»Sí«, sage ich.

Wer gleich sich bleibt bei Freud und Leid, der reift für die Unendlichkeit. So steht es in der »Bhagavadgita«. Aber so weit bin ich noch nicht. Ich freue mich zuschanden. Es gibt zwar genug Marihuana in Rio de Janeiro, aber ich wusste bis dato nicht, wo. Jetzt weiß ich es. Nachdem Angel gegangen ist, schaukele ich für den Rest des Tages meine Fragen in der Hängematte aus. Was hatte ich falsch gemacht? Wie kam es zu dem Blackout? Woran ich mich noch erinnern kann, ist, wann ich zu trinken begann: kurz bevor die Band die Bühne betrat. Ich hatte das minutiös geplant. Es ist der Gesundheit förderlich, wenn Rausch, Musik und Tanz synchron einsetzen. Dann hält man länger durch, denn beim Tanzen schwitzt man den Alkohol wieder aus. Sagen die Brasilianer. Aber die können auch tanzen, richtig tanzen, Mann und Frau wie angewachsen, und trotzdem ist genügend Luft zwischen ihnen, damit sie sich drehen kann, so schnell und elegant wie eine Windrose. Ich kann das nicht, und solo tanzen erschien mir in diesem Umfeld lächerlich. Darum trank ich im Sitzen drei oder vier Maracujasaft mit Zuckerrohrschnaps, bevor mein Freund mit entschlossener Miene Tequila aufzutischen begann. Und: Filmriss. Über die dunkle Zeit zwischen dem vierten Tequila und der Aircondition wusste mein Freund leider auch nichts Erhellendes zu sagen. Ich sei halt plötzlich verschwunden gewesen. Seine Frau sagte dasselbe. Keine Ahnung, du warst einfach weg. Und dann lachte sie lange und immer wieder über meine »Ich-fick-dich-nur-für-Marihuana«-Geschichte. Können deutsche Frauen auch darüber lachen? Eine Zeit lang sah es so aus. Mittlerweile sind sie wieder in einer neowilhelminischer Prüderie gefangen, die sie Feminismus nennen. Und niemand ist da, der sie befreit. Alle Machos sind ausgestorben. Armes Deutschland, glückliches Brasilien.

Am Abend stehe ich pünktlich vor Angels Tür. Sie bewohnt ein Mittelklasseapartment zwei Straßen parallel zur Copacabana. Es ist solide eingerichtet und trumpft mit einer fetten Stereoanlage. Sie hat es nur für zwei Monate gemietet, denn ihr Hauptwohnsitz ist Salvador de Bahia, und ihr Hauptberuf ist Lehrerin. In Rio verdient sie sich was dazu. Aber nicht so viel wie geplant, wenn sie so weitermacht. Alles ist umsonst heute Nacht. Wir trinken ihren Rum und rauchen ihr Gras, und auch den Striptease gibt es gratis dazu. Sie tanzt vor der Schrankwand, ich sitze auf der Couch. Sie zieht ihr rotes Minikleid so schwerelos wie ein Nachthemd aus, es weht förmlich von ihr. Angel in roter Wäsche. Ein Gedicht, und als Nächstes fliegt mir ihr BH ins Gesicht. Angel dreht sich um. Angel hält sich an der Schrankwand fest. Angel lässt ihren Po kreisen. Außer einem roten Bindfaden ist der gänzlich unbedeckt. Der Po ist ein Hammer, aber das Gras hämmert auch. Und plötzlich will ich nur noch raus, nur noch weg, nur noch allein sein. Die Soziophobie-Attacke reißt mich zwar nicht vom Sofa, aber der Film ist gerissen. Mein Blick schweift von der PowerPoint-Präsentation weiblicher Primärreize sehnsuchtsvoll zum Fenster hinaus. Und als Angel das mitkriegt, ist es aus mit dem Strip und dem Rauchen und dem netten Abend. Wieder so ein Unterschied zwischen deutschen und brasilianischen Frauen. Beide zeigen gerne, was sie haben. Aber damit hören die Gemeinsamkeiten auf. Denn wenn du bei der Deutschen hinsiehst, bist du ein Schwein. Und bei der Brasilianerin bist du das Schwein, wenn du nicht hinsiehst. Spaß. Jede deutsche Frau hätte wie Angel reagiert, wenn sie strippt und er desinteressiert ist. Also, wie jetzt?

Der große islamische Mystiker, Poet und Philosoph Dschalal ad-Din Muhammad ar-Rumi hat mal Folgendes gesagt: »Zwischen dem, was richtig ist, und dem, was falsch ist, liegt ein weites Feld. Treffen wir uns da?« Natürlich will eine deutsche Stripteasetänzerin das Interesse ihres Publikums, aber wenn ihr auf der Straße jemand ins Dekolleté oder auf den Po schaut, flippt sie aus. Sogar ein testosterongesättigter Blick gilt neuerdings schon als sexistischer Übergriff. Und das kann in Brasilien niemand verstehen. Mehr noch, das will niemand verstehen. Davor fürchten sie sich. Eine Welt, in der das ewige Spiel zwischen Mann und Frau verboten wird, ist für sie ähnlich tot wie eine Stadt nach dem Neutronenbombenangriff. Alle Häuser, Autos, Computer, Brücken und Shoppingmalls bleiben bestehen, nur das organische Leben ist weg. Und kommt man ihr mit der Gender-Theorie, setzt bei der Brasilianerin endgültig die ansonsten sehr ausgeprägte Kommunikationsbereitschaft aus. Geht es um Gleichberechtigung oder um Gleichmachung, fragt sie dann, und wenn die Antwort »Gleichmachung« ist, wird sie nie mit dir tanzen gehen. Denn wie soll das funktionieren? Wenn keiner führt und keiner fliegt? Wenn keiner fällt und keiner hält? Wenn keiner die Pflicht will und alle die Kür? Das ist das

Ende des Paartanzes. Ich komme immer wieder auf dieses Thema. Für mich ist Tanzen besser als Sex. Weil es genauso viel Spaß macht, aber gänzlich unverbindlich ist.

Das führt mich automatisch in die nächste Diskothek. Ohne Angel, und das ist nicht schlimm, denn wer nimmt schon Sand mit an den Strand, wie die Brasilianer sagen. Hauptsache, du nimmst das Gras mit. Und das habe ich getan. Der Laden ist tagsüber ein Restaurant und erst ab 22 Uhr ein Tanzlokal. Brechend voll. Eine Forró-Band spielt auf. Forró kommt aus dem Nordosten und galt früher als Farmermusik, zu der nur Bauern tanzen. Jetzt ist er populär. Aber er wird in Rio schneller gespielt als in der Provinz, und die Tänzer mixen die Stile und improvisieren. Beim reinen Forró kleben Frauen und Männer ganzkörperlich aneinander, als hätten sie sich mit Uhu eingecremt, hier aber sieht man sie auch Salsapirouetten drehen, und da reicht Handkontakt, wenn der Mann sein Fach versteht.

Wie der Große mit der Baseballkappe, der sich an die Blondine angeschlichen hat, die neben mir steht. Ob sie wirklich blond oder umgefärbt ist, weiß ich nicht. Es ist gerade Mode in Brasilien, blond zu sein. Das Mädchen ist nicht groß und nicht klein, schlank und fein, und es trägt ein buntes Blümchenkleid. Vielleicht kann ich mir das »es« sparen, sie ist bestimmt schon eine Frau, aber sie wirkt halt so mädchenhaft in diesem Kleid.

Den Großen mit der Baseballkappe hatte ich schon vorher beobachtet, in einer anderen Ecke des Lokals, mit einer anderen Frau. Da lief es genauso ab wie mit der Blondine. Erst wollte sie nicht, denn der Große hat offensichtlich kein Geld, und besonders hübsch ist er auch nicht. Typ Bauernjunge, Automechaniker, Straßenhändler oder Bauarbeiter, groß und grob, aber sobald er es geschafft hatte, dass sie ihm aus Höflichkeit die Hand für ein paar Takte gab, wendete sich das Blatt, und alles vorher galt nur noch als Fehleinschätzung der Lage, und noch bevor das Stück zu Ende war, schmiegte sich das Gesicht der ersten Frau, die ich mit ihm sah, an seine Schulter, und ihr Lächeln drückte offensichtlich eine Art sexueller Befriedigung aus. Jedenfalls kennt man es von da.

Als er sich die Blondine schnappt, bin ich näher dran und sehe genauer, wie er es macht. Mit einer Hand oder mit einer halben. Wahrscheinlich reicht ein Finger von ihm, um ihr die absolute Sicherheit zu geben. Er führt nicht nur, er balanciert sie aus, er hält die Stellung und ihr Gleichgewicht, während sie sich schwerelos um ihn dreht und nur seine Hand mit ihr geht. Auch hinter seinem Rücken ist diese Hand nicht weniger souverän. Er selbst bewegt sich weder viel noch erotisch noch elegant, er lässt keine Hüfte kreisen und das Becken vibrieren, denn sie ist das Ying, und er ist das Yang. Er lächelt, sie lacht, und weil sie blond bis zum Arsch ist, sieht man irgendwann nur noch ihre wunderschönen langen Haare in Ekstase. Ich weiß nicht, wie es mit den beiden weitergehen wird, aber als der Große mit der Baseballkappe mal für kurze Zeit verschwindet, um mit einer anderen zu tanzen, weint das schönste Mädchen der Nacht.

Das Gute am GAU

Japan

10 000 Kilometer vom GAU.

»Du willst nach Japan?! Bist du wahnsinnig?! Da ist doch alles verstrahlt, Helge. Du wirst elend krepieren.«

Ein Freund am Telefon. Manchmal sind Freunde wie Feinde. Aber auch Kellnerinnen warnten mich vor der Reise. Ich halte mit den Reiseinformationen des Auswärtigen Amtes dagegen. Die sind normalerweise so abschreckend und übervorsichtig, dass man nirgendwo mehr hinfahren will, außer in die Schweiz und nach Österreich. In diesem Fall aber beruhigen sie. Die Strahlungswerte in Tokio liegen unter denen von Bayern und Baden-Württemberg. Und selbst in Fukushima sind sie noch völlig unbedenklich.

»Das ist doch gelogen!«, ruft der Freund erregt. »Die stecken alle unter einer Decke. Die Atommafia lügt und betrügt. Nein, Helge, mach das nicht.«

Sind wir Deutschen die ängstlichsten Menschen auf diesem Planeten? Oder die bewusstesten? Oder gehört beides zusammen? Ich kann nicht glauben, dass das Auswärtige Amt unseres Landes grob und lebensgefährlich falsch informiert. Ich bin kein Verschwörungstheoretiker. Ich fliege mit Finnair über Helsinki nach Tokio. Ich freue mich auf die Stadt. Zweimal war ich bereits dort. Das erste Mal fand ich sie toll, das zweite Mal furchtbar und jetzt …

400 Kilometer entfernt vom GAU.

Wir landen um die Mittagszeit, und ein bisschen erstaunt es mich doch, wie leer die Ankunftshalle ist. Das war beim letzten Mal anders. Und recht viele tragen einen Mundschutz. Warum? Weil sie erkältet sind, erklärt man mir. Japaner wollen sich damit nicht vor den Krankheiten der anderen schützen, sondern die anderen vor ihren Bakterien. Das ist keine Angst, das ist Mitgefühl. Trotzdem: Wenig Leute reisen zurzeit nach Japan. Auch der Flughafenbus ist fast leer. Der Narita International Airport liegt rund 40 Kilometer von Tokio entfernt. Die Fahrt dauert eine gute Stunde. Nach einer halben Stunde fällt mir auf, dass ein Bleigeschmack auf meiner Zunge und auf den Lippen liegt. Hmm …

Sobald wir das Zentrum, oder besser, eines der Zentren erreichen, vergesse ich ihn. Und es ist auch nichts mehr leer. Die 13-Millionen-Metropole brummt und blinkt und glitzert, als wäre nichts geschehen. Das einzige Problem: Niemand spricht Englisch. Und was noch schlimmer ist, sie geben es nicht zu. Sie tun so, als verstünden sie dich. Aus Höflichkeit. Und um nicht ihr Gesicht zu verlieren. Lost in Translation. Nein? Ich finde mein Hotel. Ich setze mich auf mein Bett und erwarte unbewusst, dass nun Ähnliches passiert wie bei meinem ersten Besuch. Damals begann genau in diesem Moment ein Erdbeben. Ein kleines und für Japaner nicht der Rede wert. Aber ich kam als Deutscher und erschrak mich natürlich sehr. Diesmal bleibt die Erde still.

Später gehe ich spazieren. Es regnet. Ist das romantisch oder tödlich? Bringt der Regen Segen oder … Ich kann langsam den Quatsch in mir nicht mehr hören. Und beschließe was zu trinken.

Die Bar heißt »Shake«. Sehr klein. Sehr geschmackvoll, Edelholztheke, fast meditative Beleuchtung. Außer mir sind nur eine Frau und der Barkeeper zugegen. Sie begrüßen mich erstaunt und mit großer Freude. Und die Frau kann tatsächlich Englisch.

»Wie haben Sie uns gefunden?«, fragt sie mich.

»Zufall«, sage ich. In Wahrheit ging ich einfach nur in die erste Bar.

Ich bestelle einen Rotwein, und während der milde Alkohol den bleiernen Geschmack aus meinem Mund spült, schiebt der Barkeeper eine DVD in den Player. »Der letzte Samurai«. Er hat lange nach ihm gesucht. Er will mir eine Freude damit machen. Er sagt, ich sehe wie Tom Cruise aus. »Wenn ich wie Tom Cruise aussehe, dann ähneln Sie dem japanischen Kaiser in diesem Film«, antworte ich. Und er sagt: »Nein, nein, nein.« Ein bisschen stimmt es aber doch. Der Mann hinter der Theke hat sehr feine Gesichtszüge. Ein edles asiatisches Profil mit wunderschönen Mandelaugen und darin Tiefe. Alles ist blitzsauber. Sobald er irgendwo ein Staubkorn entdeckt, holt er seinen kleinen Handfeger und fegt es weg.

Tom Cruise erreicht derweil das Dorf der Samurai in den Nebelbergen. Alle tragen wunderbare Gewänder, alle sind konzentriert, stark und ehrlich. »Das ist das alte Japan«, sagt der Barkeeper, »nicht das neue.« Wirklich? Ich bin in einem Lokal, aber es hat eine Menge von Zen-Kloster-Ästhetik.

Ich beginne mit der Arbeit.

»Darf ich Sie was fragen?«

Der Barkeeper nickt. Natürlich.

»Wo waren Sie, als vor einem Jahr das große Erdbeben begann?«

»Hier, in der Bar.«

»Und was haben Sie gemacht? Sind Sie rausgelaufen?«

»Nein.«

»Was dann?«

Als Antwort dreht er sich um und macht mit ausgestreckten Armen die Pantomime eines Mannes, der hin und her hüpfend versucht, Wodka-, Whiskey-, Sake- und

Rumflaschen daran zu hindern, wie Raketen durch den Raum zu schießen.

Einen Tag später. Mein Freund und Fotograf Frank trifft ein. Auf der Stelle wird es professioneller. Wir suchen und finden im Internet einen Übersetzer. John Matthews, 25, Amerikaner. Er lebt seit vier Jahren in Tokio. Und will nie wieder weg. Erst recht nicht nach dem Tsunami. Wie die Japaner diese Katastrophe wegstecken, fasziniert ihn. Nur von den Japanern kann man derzeit noch was lernen, sagt er. Wir gehen durch Harajuku. Der Stadtteil der durchgeknallten Mode. Eine Mischung aus Punk und Manga. Die Mädchen kleiden sich nicht nur wie Comicfiguren, sie bewegen sich auch so. Superkurze Miniröcke, überlange Strapse, schwarze Strümpfe, haarsträubende Frisuren, große Brillen ohne Glas. Es regnet wieder, und alle tragen Schirme. Wir inzwischen auch.

Interview im »Nico Nico Café-Shop«. Hier serviert man die zu dem Stil des Viertels passenden Speisen in den Farben Neongrün und Chromblau. Das Neongrüne ist eine Mischung aus Bananenextrakt und Proteinpulver, das Chromblaue lässt sich geschmacklich nicht mehr identifizieren. Das Herz des Cafés ist ein kleines Aufnahmestudio mit Kameras, Mikrofonen und Monitoren. Jeder Gast kann hier für die Nico-Nico-Homepage eine Talkshow produzieren.

Wir sprechen mit einem 15-jährigen Mädchen und seinem 28-jährigen Freund über gestern, heute und morgen. Das Mädchen geht noch zur Schule und will später Hochzeitskleider entwerfen, der junge Mann sucht einen Job beim Film. Auf unsere Frage nach ihrem Tsunami-Erlebnis bekommen wir folgende Antworten. Der Mann sagt, die große Welle sei das eine und die Welle der Hilfsbereitschaft das andere gewesen. Die ganze Welt habe Japan geholfen, und das hat ihn schwer beeindruckt und ihm den Glauben an die Menschlichkeit wiedergegeben. Das Mädchen erzählt von seinem Vater. Er hat nie mit ihrer Mutter und ihr zusammengelebt. Er wohnt in Shanghai und hat eine andere Frau. Während des großen Erdbebens sei ihr Fernseher durch den Raum geflogen und die Kaffeemaschine auch. Dann habe ihr Vater aus Shanghai angerufen und ihr angeboten, nach China zu kommen, damit sie in Sicherheit sei. Sie habe immer geglaubt, dass sie ihm nichts bedeute, seit dem Tsunami, aber wirklich erst seitdem, weiß sie, dass ihr Vater sie liebt.

Ungewöhnliche Antworten auf gewöhnliche Fragen. Überall. Auf der Straße, in Hardrock-Bars, rappelvollen Techno-Tempeln, Funk-Diskotheken, verschwiegenen Teehäusern und Sushi-Restaurants. Niemand jammert, niemand lebt sein Recht auf Depressionen, niemand scheint traumatisiert zu sein. Haben sie alle den größten anzunehmenden Unfall verdrängt und vergessen? Und ist das nicht normal? Würden wir nicht auch so reagieren, wenn die Welle von der Nordsee gekommen wäre, der GAU in einem Kernkraftwerk in Schleswig-Holstein stattgefunden hätte und Hamburg von einer atomaren Wolke bedroht gewesen wäre? Würde Deutschland ein Jahr später nicht auch wieder nur den Superstar suchen, über die Eurokrise spekulieren und sich darüber hinaus weiter sexuell liberalisieren?

Schwule, Lesben, SMler und Sexsüchtige feiern in einem alten Kino nackt, halb nackt, aber auch von Kopf (Maske) bis Fuß angezogen in Lack und Leder eine »Survival-Party«, auf der alles erlaubt ist, sogar fotografieren. Es ist eine Orgie, aber in meinen Augen eine lustige, weil japanische Perverse auch hier ihre Höflichkeit nicht verlieren. In Lederriemen gekleidete Herren mit Hundehalsbändern verbeugen sich voreinander, genauso, wie sie es tagsüber in den Büros von Sony tun. Natürlich gibt es auch Gäste in normaler Garderobe, so wie wir und die Dame neben mir.

Wir sitzen zufällig beisammen, und ich nutze den Zufall für meine üblichen Fragen.

»Was machen Sie beruflich?«, will ich wissen.

»Ich bin eine professionelle Domina«, antwortet sie.

»Und was ist Ihr Ziel in diesem Leben?«

»Ein eigenes SM-Studio.«

»Wirklich, nicht mehr?«

»Nein.«

Als ich die letzte Frage stelle, die nach ihren Erinnerungen an den Tsunami und was sie gerade getan habe, als das große Beben begonnen habe, muss sie lachen. Sie habe in diesem Augenblick in einem Love Hotel um die Ecke eine private Lektion gegeben, erzählt sie und macht dazu ein paar peitschende Bewegungen. »Das passte eigentlich ganz gut.«

100 Kilometer entfernt vom GAU.

Die Zugfahrt von Tokio nach Fukushima dauert knapp eineinhalb Stunden, und ich habe sie total verpennt. Seit meiner Ankunft in Japan greift ein brutaler Jetlag nach mir. Nachts kann ich nicht schlafen, tagsüber bin ich fertig. Erst kurz vor der Hauptstadt der GAU-Provinz wache ich auf.

Als wir aus dem Bahnhof kommen, sehen wir Menschen, die ernster wirken als in Tokio. John, der Übersetzer, sagt, er sei kurz nach dem Tsunami schon mal hier gewesen. Da war kaum ein Mensch auf den Straßen. Inzwischen hat sich das Leben normalisiert. Das freut ihn. Weniger schön ist dagegen der Bleigeschmack im Mund. Er ist schlagartig zurück und stärker als in den letzten Tagen. Hier ist die Strahlung etwa dreimal so hoch wie in Tokio. Die Experten sagen, das sei noch immer nicht sonderlich bedenklich. Auch in Deutschland gebe es Orte, deren natürliche radioaktive Strahlung in etwa auf diesem Niveau liege. Die Nahrungsmittel hier seien ebenfalls okay. Seit dem Tsunami teste die japanische Regierung sie regelmäßig und nach strengeren

Maßstäben als die internationalen Kriterien. Nur noch ein Prozent der Stichproben sei radioaktiv verseucht.

Wir gehen in ein traditionelles Restaurant essen. Mit einem Gongschlag werden wir empfangen, mit einem Gongschlag wieder verabschiedet. Dazwischen habe ich eine köstliche Nudelsuppe mit Tofu gegessen. Nachts im Hotel kann ich wieder nicht schlafen. Es ist die vierte Nacht dieser Art, und langsam fühlt es sich an, als würden meine Gehirnstäbe durchbrennen.

Als es hell wird, kommt der Schnee. Er fällt in dicken Flocken. Ich ziehe mich an und gehe nach draußen. Aus einem Automaten hole ich eine Dose mit heißem Kaffee und trinke ihn auf der Straße. Ich bin ganz allein, und es geht mir gut. Der Schnee ist so sauber, so beruhigend, so schön. Alles ist weiß und still.

40 Kilometer entfernt vom GAU.

Wir zuckeln etwa vier Stunden mit Regionalzügen weiter Richtung Norden, weiter Richtung Kernkraftwerk, weiter Richtung Angst.

Ich habe inzwischen vier Liter Kaffee getrunken und bin streckenweise überwach und auch leicht euphorisiert, denn wir sind in diesen Zügen und auf diesen Bahnhöfen die einzigen Ausländer. So war das Reisen durch Japan vor 150 Jahren. Am anderen Ende der Welt, unter komplett anderen Menschen. Ich vergesse fast, was in dieser Provinz vor einem Jahr geschah, und genieße die Fahrt, aber als mich eine Japanerin, die Englisch spricht, davor warnt, das Leitungswasser zu trinken, bin ich schlagartig wieder zurück in der Realität, denn ich denke an all die Heißgetränke, die ich seit gestern hier zu mir nahm. Und ja, auch die Menschen in diesen Zügen wirken ernster als in den U-Bahnen von Tokio. Möglicherweise ist es weniger die Angst vor Verstrahlung als die Trauer über ihre Toten. 20 000 starben in der Region während des Tsunami. Wahrscheinlich hat jeder in dem Zug einen geliebten Menschen in der Katastrophe verloren.

Aber auch meine überdrehte Wachphase hält nicht länger an, todmüde und gleichzeitig völlig verspannt erreiche ich das Ziel der Etappe, und glücklicherweise heißt das Ziel »Hawaains Resort« und ist eine gigantische Wellnessoase mit echten Palmen unter einer Glas- und Stahlkuppel, die nicht viel kleiner als der Hamburger Hauptbahnhof ist. Jede Menge Schwimmbecken, jede Menge Whirlpools, jede Menge heißes und kaltes Wasser, jede Menge Dampfbäder und Saunen, jede Menge Spaß. Der größte Fit-for-fun-Tempel Japans steht 40 Kilometer entfernt vom Kernkraftwerk Fukushima, und das Erdbeben hatte ihn ziemlich zerstört. Sie haben ihn wieder aufgebaut, vor zwei Wochen feierten sie das »Grand Opening«.

Das »Hawaains Resort« und das dazugehörige Hotel sind rappelvoll. Wir bekommen mit Mühe ein Zimmer für drei und ziehen die blumenbedruckte Strandkleidung an, die alle Gäste als Urlaubsuniform bekommen. Und nach Urlaub sehen sie aus, die Alten und die Jungen, die Kinder und die Mütter, die Schönen und die nicht so Schönen, die Reichen und die Armen. Nein, das stimmt nicht. Arme sind hier nicht. Unser Dreibettzimmer kostet umgerechnet 440 Euro, das Glas Wein zwölf und die Badehose im Hawaii-Shop 50.

Wenig später liege ich in einem römischen Bad mit künstlichen heißen Quellen, aus Bodendüsen strömt Wasser, das den Körper massieren will. Endlich entspanne ich mich total, doch bedauerlicherweise fällt mir ein, woher all dieses Wasser kommt. Aus dem Boden der Region. Und? Ist es verstrahlt? Das kann nicht sein. Sonst wäre doch niemand hier, sonst würde niemand hier schwimmen. Auch die Messungen der Behörden sagen, nein, kein Problem, das Wasser ist rein, trotzdem wundert es mich, dass fast alle, mit denen wir sprechen, nicht aus der Gegend kommen, sondern aus Tokio. Und sie sind auch nicht alle wohlhabend, sondern Normalverdiener, wie die beiden Frisöre, der Taxifahrer und der Elektrogeräte-Fachverkäufer. Wir sprechen mit ihnen teils an Beckenrändern, teils in den Raucherräumen darüber, warum sie ausgerechnet in der Nähe des durchgebrannten Atomkraftwerks ihr hart verdientes Geld ausgeben, wenn ihnen nach Erholung ist. Und alle sagen dasselbe: Wir kommen, um die Region nicht im Stich zu lassen! Wir wollen sie unterstützen. Wir lieben unsere Leute und unser Land und werden es nie verlassen, selbst wenn die Strahlung bis in den Süden kommt.

Japaner sind anders. Und sie haben recht. Was ist das (Über)Leben ohne die Liebe? Aber auch diese Frage ist berechtigt: Was ist die Liebe ohne das Leben? Werden wir die Antworten an dem Ziel unserer Reise bekommen? Ein Shinto-Tempel in den Wolkenbergen, 35 Kilometer vom GAU entfernt. Die Wolken liegen so tief, dass nicht viel von den Bergen zu sehen ist, nur ein Strich in Dunkelgrün hier und da, wenn die Wolken eine Lücke lassen. Sofort verstehe ich die japanischen Tuschezeichnungen. Wir sind an der Quelle ihrer Kultur. Der große Saal des Tempels ist mit seinen Bastmatten, roten Teppichen, meditativen Fenstern, sanften Lichtern, geraden Linien und perfekten Proportionen die Hochkultur der Ästhetik. Harmonischer, feiner und edler geht es nicht. Es ist fast überirdisch schön.

Dasselbe könnte man über das Gesicht des jungen Priesters sagen, der im Tempel alleine ist, weil sein Abt, sein Lehrer, sein Meister heute in Fukushima betet. Der junge Mann kommt aus einer Familie, in der die Männer seit 500 Jahren Shinto-Priester sind. Ein halbes Jahrtausend Konzentration und Glaube spricht mit uns. Aber was für ein Glaube? Und wie hilft er ihnen, mit der Katastrophe umzugehen? Der Priester sagt, eine der zentralen Lehren des Shintoismus sei die Erkenntnis, dass das Schlechte nie allein komme. Es bringe immer auch etwas Gutes mit. Das Gute am Tsunami sei die Hilfsbereitschaft der Welt gewesen, die Welle der Humanität. Damit sagt er dasselbe wie der junge Punk im »Nico Nico Café-Shop« in Tokio, aber er führt es noch weiter aus. Um Hilfe anzunehmen, müsse man demütig werden. Die uralte, stolze Kultur Nippons habe sich noch nie so tief vor der Welt verbeugt. Und noch nie so viel Liebe von der Welt erfahren.

Hat er recht? Ist das Gute am Tsunami, dass sich Japan endlich auch geliebt fühlt und nicht nur gefürchtet oder respektiert? Oder gibt es noch etwas Gutes darüber hinaus? Das Aufwachen zum Beispiel. Die Umkehr. Nach dem GAU im Kernkraftwerk Fukushima steigen weltweit Industrieländer aus der Atomkraft aus. Nicht alle, aber die wichtigen, und es ist ein langer Weg mit kurzen Schatten. Und das Gute am GAU ist, sagt der junge Shinto-Priester, dass wir diesen Weg endlich gehen.

Über dem Ausgang des Tempels oder, besser gesagt, über dem Tor zu der Welt der Wolkenberge hängt ein Bild. Es ist ziemlich groß und nicht auf eine Leinwand, sondern auf eine Holztafel gemalt. Die Farben übernahmen den Alterungsprozess des Holzes. Sie sehen verwittert aus, was ihnen unglaublich gut steht. Das Bild zeigt drei Männer mit langen Zöpfen und langen Gewändern, die Schwerter tragen. In ihren Händen sind das sehr effektive Waffen, aber ihre wirkliche Stärke ist die Bereitschaft, jederzeit im Kampf zu sterben. Da sind sie wieder, die Samurai, und sie sollen deine Schritte bewachen, wenn du den Tempel verlässt.

Wenn das Böse Gutes tut

Rom

Die Ungewissheit verfolgt mich durch Rom wie der Schoßhund die Signora, die vor uns geht. Sein Fell ähnelt dem Stoff ihrer Hose in einer Art und Weise, dass man glatt sagen könnte, sie sind im Partnerlook unterwegs. Hat sie die Hose nach dem Hund ausgesucht? Oder den Hund nach der Hose? Oder besteht ihre Hose aus 20 solcher Minihunde, und der Kleine an der Leine ist fällig, wenn sie mal einen Flicken braucht? Hinter uns die Engelsburg, vor uns irgendwas. Ich kenne mich nicht aus. Ich war noch nie in Rom. Benedikt schon. Trotzdem ist er nicht der Papst, sondern mein Freund und jetzt auch mein Führer, denn er war vor 13 Jahren schon mal in der Stadt. Danach stellte er das Reisen ein und blieb in seiner Küche, wie in einem Mutterleib zur Miete. Wann immer ich bei ihm saß und von meinen Touren erzählte, gruselte er sich. Und wieder diese Ungewissheit. Wo wird das enden? Wohin führt Benedikt mich?

Wenn einer, der Rom noch nie gesehen hat, einem folgt, der wenigstens schon einmal da gewesen ist, wenn auch vor vielen, vielen Jahren, dann ist das nicht dasselbe, wie wenn ein Blinder einem Blinden hinterherläuft. Benedikt verknüpft seine Erinnerungen mit dem Fluss der Gegenwart. Damit ist nicht der Tiber gemeint, denn über den müssten wir langsam mal rüber sein, nein, der Fluss des Benedikt wird unter Reisenden »the flow« genannt. Er fließt zwar überall, doch man ist nicht immer drin. Aber das ist nicht schlimm, wenn man ein Hotelzimmer reserviert hat. Nur die Kombination aus keinem Hotel und keinem Flow führt in Rom mit Sicherheit in die Scheiße. Ich rede von gestern. Heute wandeln wir nur noch in Schönheit. Die Gassen des Viertels Parione nehmen uns wie ein begehbares Gemälde auf. Ich bin ein Wanderer und wanderte durch viele Gassen des Okzidents und auch durch viele des Orients, aber worüber ich in Rom gehe, ist, wie es Benedikt so trefflich formuliert, »die Mutter aller Kopfsteinpflaster«. Meine Füße kommen nach Hause, meine Augen werden zu zwei Maden im ewigen Speck. Jede Ecke ein Gedicht, jede Seitengasse eine Verführung, jeder Brunnen, jede Treppe, jeder Torbogen, jedes Fenster erzählen von 1000 Generationen Dolce Vita, aber auch von Kreuzigungen, Sklaven und der Pest. Ob die Ratten zu ihren unterirdischen Wegen eine ähnlich romantische Beziehung pflegen?

Auch beeindruckt mich, wie hier der Efeu wächst. Bisher kannte ich ihn als recht filigrane Bioalternative zum Putz der Außenmauern, aber in Rom sind es Efeuwälder, die die Fassaden bedecken. Maßlose Schönheit, überbordende Lässigkeit, grenzenlos guter Geschmack. Die Italiener sind die Weltmeister darin. Aber warum nur? Weil sie alle Künstlerseelen in ihrer Brust herumtragen? Oder weil sie kein Geld haben? Beschützt ihre ewige Wirtschaftskrise sie vor den Scheußlichkeiten der städtebaulichen Moderne? Selbst die Verkehrsschilder sind in Rom den Verwitterungen angepasst.

Das alles ist fabelhaft und lässt sich vielleicht sogar noch steigern. Wir reden nicht darüber, aber ich weiß, dass Benedikt sich quasi synchron darüber Gedanken macht, ob wir heute noch einen Joint zwischen die Lippen kriegen oder nicht. Und ob das wirklich sein muss? Gestern musste es sein. Vollgewanzt und abgezockt im Bahnhofsviertel, empfingen wir das winzige Stück Haschisch aus Migrantenhand mehr oder weniger wie einen göttlichen Gnadenakt. Inzwischen hat sich der Wind gedreht. Der Blues ist verweht. Rom wird zum Hochgenuss. Den noch steigern zu wollen erfüllt den Tatbestand der Gier, das ist klar. Und Gier führt aus dem Flow, das ist auch klar. Wäre Benedikt allein gewesen, hätte er sich anders entschieden. Ich mich auch, ohne ihn. Worüber ich rede, ist der Fluch der Ko-Sucht. Warum ist sie stärker als die Ko-Nüchternheit? Ich sagte es ja schon, die Ungewissheit ist mein Thema in Rom. Ist sie auch stärker als die Ko-Meditation? Sie wäre die einzige Alternative, weil Alkohol unser beider Ding nicht mehr ist. Bei Benedikt schon seit Jahrzehnten, bei mir erst seit einem halben Jahr. Unterm Strich vergegenwärtigen wir dasselbe Ergebnis. Wir mögen den katholischen Rausch nicht mehr. Deshalb können und wollen wir nicht, wie alle anderen hier, von einem Glas Wein zum nächsten durch den Abend und die Nacht flanieren. Wir sehen weder Sinn noch Reiz darin, die Sensibilität zu verlieren. Darum kiffen wir und trinken nicht, wenn uns nach einer Steigerung des Wahren, Schönen, Guten ist.

Wer das nicht versteht, weil er das Kiffen hasst und das Trinken liebt, möge bedenken, bevor er uns verurteilt, wie er es finden würde, durch eine samtweiche römische Nacht spazieren zu gehen, in der seine Lieblingsdroge verboten wäre. Keinen Wein, kein Bier, keinen Amaretto, Ramazzotti, Averna und Galliano gäbe es mehr in den Gassen von Rom, auch keinen Montenegro Amaro und Martini Bianco, keinen Whiskey, Wodka oder Rum, nicht mal Eierlikörpralinen. In keiner Bar, keinem Café, keinem Restaurant, keinem Geschäft, keinem Supermarkt, an keinem Kiosk und keiner Tankstelle dieser Stadt würde Alkohol verkauft. Den gäbe es nur auf der dunklen Seite des Mondes am Hauptbahnhof. Und? Was würden Sie dann tun? Nüchtern bleiben oder beherzt ein Taxi zum Roma Termini nehmen, um in den unbeleuchteten Grünflächen in seiner Nähe nach illegalen Alkoholdealern zu suchen? Überlegen Sie sich Ihre Antwort bitte genau. Wenn es gut geht, haben Sie endlich was zu trinken. Wenn es schiefläuft, kriegen Sie Ärger mit den Carabinieri. Aber nur, wenn die nicht mehr als eine halbe Flasche Wein finden. Haben Sie eine ganze Flasche oder gar zwei dabei, kriegen Sie richtig Ärger. Geldstrafen ab 2000 Euro aufwärts oder Gefängnis. Von sechs Monaten bis zu sechs Jahren.

Natürlich geht es meistens gut und selten schlecht, Ihre Chancen, unbehelligt mit dem illegalen Alkohol wieder in die samtweiche Nacht der Altstadtgassen zurückzukehren, sind höher als 80 Prozent. Doch das Restrisiko bleibt eminent. Sechs Monate oder sechs Jahre in einem komplett überfüllten römischen Gefängnis ist was substanziell anderes als Urlaub in Italien. Eine scheußliche Vision. Aber doch nur ein böser Traum. Wenn wir aufwachen, werden wir die Wahrheit sehen. In Wahrheit wird in der heiligen Stadt noch immer legal und fröhlich mehr Wein als Wasser getrunken, nur die Kiffer haben die Arschkarte gezogen. Sie sind bei der Beschaffung ihrer Genussdroge exakt in der gerade skizzierten beschissenen Situation.

Als wir vom Bahnhof zurückkamen, hatten wir Vertrauen gesät und Misstrauen geerntet und praktisch keinen warmherzigen Menschen dabei getroffen. Statt Haschisch legte man Heroin in Benedikts Hand, das er empört zu Boden warf, und als wir dann doch noch bekamen, was wir wollten, konnten wir dem Zugriff einer Zivilstreife nur haarscharf entrinnen. Das nennt man nicht Flow, das ist Stress, und die Frage ist, ob es sich gelohnt hat. Wir stellten sie uns, während wir auf einer Bank direkt vor unserem neuen Hotel saßen, und beantworteten sie beide mit Nein, weil sich so etwas schon prinzipiell spirituell nicht lohnen kann. Und sind trotzdem beide heilfroh, dass wir das Haschisch haben. Obwohl wir es noch immer nicht brauchen. Wir haben nur keine Angst mehr davor, es zu brauchen. Gleich, demnächst oder etwas später. Und bis dahin reicht es uns noch immer, in Rom einfach nur an einer der größeren Straßen unseres mittlerweile geliebten Altstadtviertels zu sitzen und auf den Fluss des Lebens zu schauen. Mittlerweile ist es schon hübsch nach Mitternacht, was diesen Fluss ein wenig dünner macht. Nur drei Polizei-Mannschaftswagen jagen mit Blaulicht und Sirenen von links nach rechts an uns vorbei. Benedikt betrübt an diesem Anblick zweierlei. Erstens, dass er glaubt, immer noch ein bisschen cooler als cool aus der Wäsche blicken zu müssen, sobald die Polizei auftaucht, und zweitens, dass es vielleicht doch auch sein könnte, dass sie mit einem Affenzahn auf dem Weg zum Bahnhof sind.

»Ja, Benedikt, das ist möglich. Ich habe mich eh gewundert, dass heute am Bahnhof Termini überhaupt keine uniformierte Polizei zu sehen war. Gestern waren sie massiv da. Aber gestern war auch Samstag. Heute ist Sonntag, da haben italienische Polizisten frei. Oder machen irgendwo halblang. Fakt ist, es waren keine da, außer den beiden in Zivil, denen wir uns gerade noch entzogen haben, und vielleicht haben diese beiden unseren Dealern Stress gemacht, und die stressten zurück. Wie viele waren es? Zehn oder zwölf zornige schwarze Männer aus Nigeria und Zaire gegen zwei Zivilbullen, und das, was hier eben vorbeirauschte, war die angeforderte Verstärkung. Das kann durchaus sein, Benedikt, aber es kann auch nicht sein. Es ist ungewiss.«

»Aber wenn es so ist und die Afrikaner jetzt was auf die Köpfe kriegen, dann haben wir heute Nacht schlechtes Karma auf uns geladen. Ohne uns wäre das nicht passiert. Unsere Entscheidung, zum Hauptbahnhof zu fahren, war der erste Dominostein, der fiel.«

»Nein, absolut nicht. Schlechtes Karma hätte in diesem Fall einzig und allein die völlig beknackte italienische Drogenpolitik.«

Benedikt sieht das ein. 30 oder auch 40 Minuten später gehen wir wieder durch die alten Gassen. Sie sind fast menschenverlassen. Hin und wieder begegnet uns wer, aber im Prinzip sind sie leer. Und wir sind breit. Ich versuche, den Unterschied zu fassen. Wie schön war Rom vorher, und wie schön ist Rom jetzt? Abgesehen davon, dass die Stille um diese Zeit der Schönheit einen Hauch mehr Ewigkeit verleiht, ist nicht viel passiert. Außer meinem wackeligen Schritt vielleicht. »Auch Abhängigkeit kann Einbildung sein«, sage ich zu Benedikt. Mit diesem Gedanken gehe ich zu Bett und schlafe endlich ein.

Mein erster Gedanke am Morgen hat dann auch wieder mit Abhängigkeiten zu tun. Und mit der Befreiung davon. Kaum bin ich aufgewacht, fällt mir mein Bauch ein. Er ist zu dick für meine Statur. Viel zu dick, um ehrlich zu sein. Von der Seite gesehen und ohne Kopf, sehe ich aus wie Karl Valentin. Ein dünnes Männchen mit Pastabirne. Würde ich mich als Frau verkleiden, käme ich als Hochschwangere durch. Aber ich hätte nichts davon, denn so bekäme ich auch keine Frau ins Bett. Das war früher anders. Erst seitdem sich meine Hormone auf 60 plus umstellten, baute der Körper die Pasta nicht mehr ab. Dazu kommt eine Eigenwilligkeit der Natur, die verhindert, dass sich das Fett gleichmäßig in mir verteilt. Ich bin groß genug, es gäbe viel Platz dafür. Aber nein, Gesicht, Hals, Brust, Po und Beine bleiben schlank wie eh und je, nur die Mitte macht sich dicke. Um diese Entwicklung zurückzudrehen, habe ich mir in den letzten Jahren einiges angetan. Sport, Diät, Fastenjoghurt, kein Alkohol. Der befreiende Gedanke an meinen zweiten römischen Morgen in Rom empfiehlt mir, das nun nicht mehr länger mitzumachen und stattdessen ab sofort mein Sexleben zu kommerzialisieren.

Benedikt reagiert nicht unschockiert, als ich ihm beim Frühstück davon berichte. Wir nehmen es nicht im Hotel, sondern ein paar Ecken weiter an einem der beiden Außentische einer kleinen Café-Bar ein. Die Gasse, die in der Nacht wie ausgestorben schien, ist wieder voll mit Menschen, Touristen, Nonnen. Grad jetzt gehen drei Schwestern in ihrer Tracht an uns vorbei. »Aber warum denn?«, fragt Benedikt. »Das brauchst DU doch nicht. DU bist ein erfolgreicher Schriftsteller. Mit denen geht doch jede ins Bett. Na ja, vielleicht nicht jede, nur die Besten.«

»Das stimmt, Benedikt, wir haben im Ranking der Traumaffären mit den Rockstars gleichgezogen. Aber ich mag einfach nicht diesen Blick, den sie haben, wenn der Schriftsteller plötzlich nackt vor ihnen steht. Weil sie, wie du richtig sagtest, die Besten sind, versuchen sie, das ästhetische Entsetzen in ihren Augen zu verschleiern, aber dann brechen sich die Ekelschauer todsicher woanders Bahn. In den Mundwinkeln zum Beispiel. Bescheuerte Weiber. Was glauben die? Dass ich sie mit dem Bauch ficke?«

Benedikt wirft sich weg vor Lachen, auch die blonde oder erblondete Besitzerin der Bar steht in der Tür und lacht, entweder weil sie Deutsch versteht oder weil Lachen ansteckend ist. Und der schwarze Straßenverkäufer, der ein paar Meter weiter angebliche Adidas-Taschen auf dem Kopfsteinpflaster ausgebreitet hat, lacht auch.

»Und bei Huren siehst du diesen Blick und die Entgleisung der Mundwinkel nicht?«

»Natürlich nicht. Huren interessiert nicht der Schriftstellerbauch. Die sehen nur das Schriftstellergeld. Das stimmt allerdings nur für die guten. Und wenn du wissen willst, was für mich eine gute Hure ist: Sie ist jung, schön, scharf, schlau, humorbeseelt und nicht billig. Und sie muss zuhälterfrei sein. Das ist wichtig! Und damit habe ich jetzt ein neues Problem. Eine gute Hure findet man so selten wie eine gute Frau.«

Auch der Aufbruch in die Freiheit gestaltet sich also ungewiss. Ich sagte es ja schon: Die Ungewissheit ist mein Thema in Rom. Das Gute an ihr ist, dass durch sie eine Erkenntnis nicht zum Dogma werden kann. Dogmen sind zu statisch für den Erkenntnisprozess. Es muss immer weitergehen, auch mit uns. Wir sitzen schon über eine Stunde vor diesem kleinen Café und schütten uns mit Cappuccino zu. Und wir haben nur noch sieben Stunden für Rom. Um 19 Uhr sollten wir spätestens am Bahnhof sein und um 19 Uhr 30 spätestens in einem Zug zum Flughafen.

Was macht man in sieben Stunden aus Rom? Sich sieben Weltwunder anschauen. Das Kolosseum der Gladiatoren, den Petersdom der Päpste, die Thermen des Römischen Reichs? Oder doch nur unverbindlich ein paar Gassen weiterziehen, bis zum nächsten Café, vor dem man dann noch ein paar Stunden länger die Zeit vergisst? Obwohl ich in dieser Nacht ungestört geschlafen habe, bin ich noch immer ein wenig müde. Und konfliktfrei. Das heißt, ich mag mich grad so, wie ich bin. Und wo ich bin, mag ich auch. Mich treibt nichts voran. Außerdem glaube ich an Mathematik. Wenn ich an einem Platz sieben Mal länger verbleibe als an jeder der möglichen anderen sieben Sehenswürdigkeiten, bleibt die Summe des Gesehenen in beiden Fällen gleich.

»Piazza del Fico.«

Der Platz, an dem wir so kurz nach unserem Frühstück landen, ist ein urbanes Schätzchen. Ein kleines, fast verstecktes Viereck, mit wenigen Geschäften und nur einem Café, vor dem Männer Schach spielen. Sie tun das stundenlang. Ihr Brett liegt auf einer Kiste, sie sitzen auf Klappstühlen. Als wir kamen, gab es noch genau zwei freie Stühle, aber sie waren zusammengeklappt, und es war nicht ganz ersichtlich, ob sie zu dem Lokal gehörten oder zu den Spielern, denn es standen auch keine Kaffeehaustische draußen, und niemand wurde bedient. Wir zögerten deshalb eine Weile, sie uns zu schnappen, doch als einer der Männer unsere begehrlichen Blicke bemerkte, bot er uns die Stühle an. Seitdem sitzen wir bei ihnen, mit dem Rücken an die Außenwand des Cafés gelehnt und den Gesichtern in der Sonne, die man wie Orangensaft trinken kann. Das ist alles. Wir spielen weder mit, noch konsumieren wir etwas aus dem Café. Ich checke nicht meine E-Mails und lese auch nicht »Dorian Grey«, obwohl ich das Buch für genau diese Momente mit nach Rom genommen habe. Oscar Wilde ist großartig in seiner Anbetung der Schönheit, aber wofür brauche ich einen Roman in einer so romanhaften Umgebung, mit so authentischen Protagonisten, in deren Gesichtern ich übrigens ebenfalls nicht lese, weil ich dafür noch immer oder schon wieder zu müde bin. Ich nehme sie einfach nur wahr, wie den Schatten des Baumes, unter dem sie spielen, und die Vögel darin. Fast möchte ich sagen, ich schaue auf die Männer hier wie auf einen Teil von mir. Das kann man natürlich auch umgekehrt formulieren. Ich werde zu einem Teil von ihnen oder, weil ich so bewegungslos bin, zu einem Requisit dieses kleinen Platzes, der auf mich mehr und mehr wie eine Bühne wirkt. Das Theater des Lebens in Rom.

Es wird Speedschach gespielt, also mit Stoppuhren. Der Beste ist ein Mann in meinem Alter mit einem silbernen Zehntagebart und halblangen silbergrauen Haaren. Er trägt einen weißen Leinenanzug mit Weste, der aussieht, als würde er nie etwas anderes anziehen. Die Textilie wirft so viele Falten wie sein Gesicht, und das wiederum ist so verwittert wie die uns umgebenden Hausfassaden. Ein Künstler? Ein Professor? Ein Privatier? Auf jeden Fall ein Alteingesessener, wie alle hier. Über diesem kleinen Platz liegt die selbstverständliche Ruhe der Lokalmatadore. Öffentlich, aber so privat wie ein ausgelagertes Wohnzimmer. Eigentlich müsste ich sie fragen, ob ich wirklich darin willkommen bin, aber was mache ich, wenn sie Nein sagen? Auch das ist ungewiss.

Nichts ist, wie es scheint, und nichts scheint, wie es ist. Wir erreichen den Flughafen nicht nur pünktlich, sondern auch in angenehmer Gesellschaft, denn im Zug setzte sich eine unterhaltsame Frau auf den freien Platz neben mir, und der Klassiker der intensiven, aber unverbindlichen Reisebekanntschaft nahm seinen Lauf. Vor dem Check-in passiert dann Folgendes. Wir sind lustig, und das steckt ein Paar, das vor uns steht, an. Die beiden drehen sich um und scherzen mit uns. Beide sind Mitte 20. Sie ist hübsch und blond, er ein bisschen stämmig. Plötzlich macht die Airline einen zweiten Schalter auf, und ich kriege das als Erster mit. Ich trete sofort vor und nenne mein Ziel. Aber sie checken hier nicht für Wien ein, sondern für Berlin.

»Wer will denn nach Berlin!«, rufe ich, nicht im Tonfall einer Frage, sondern einer Beschimpfung, und unsere neue Freundin aus dem Zug macht gleich mit. »Ja, genau«, sagt sie, »ich bestimmt nicht.« Das inspiriert mich zu weiteren Schmähungen. »Die Stadt ist scheiße, die Menschen sind hässlich, und alle Taxifahrer sind Kommunisten.«

Das war ein Scherz, aber als dem Paar, das gerade noch mit uns ein bisschen fröhlich war, die Gesichtszüge entgleisen, weiß ich nicht mehr, ob der wirklich so lustig war, und nachdem sie sich vor dem Schalter nach Berlin angestellt haben, ist die Sache klar. Ich habe gerade zwei nette Menschen schwer beleidigt. Natürlich wollte ich das nicht, und es tut mir leid, aber das Kind liegt schon im Brunnen. Meine Versuche, mit ihnen Blickkontakt aufzunehmen, als sie ihre Bordkarte haben und sich umdrehen, scheitern kläglich. Mit steinerner Miene sehen sie an mir vorbei.

Ein bisschen später stehe ich vor dem Flughafen, um noch eine Zigarette zu rauchen. Der Abendhimmel ist von diesem tiefen, fast violetten Blau, das jederzeit in Nachtschwärze umschlagen kann. Ich fühle mich wie ein Arsch und frage mich, wie so etwas passieren kann. Nach so einem Tag. Nach so viel Schönheit. Nach so vielen Geschenken. Wie kann man danach nur so unaufmerksam sein? Denn mehr war es ja nicht. So oberflächlich. So laut und daneben. Kleine Sünden werden sofort bestraft. Heute Abend, heute Nacht und vielleicht auch noch morgen und übermorgen werden zwei nette Menschen mit Sicherheit schlecht über mich reden. Ich kann es jetzt schon irgendwie hören. Und das bedrückt mich. Aber ich brauche meine Gedanken nur ein wenig weiter in den violetten Himmel zu schicken, und schon wird auch das wieder ungewiss. Vielleicht habe ich ihnen ja auch einen Gefallen damit getan, denn solange sie schlecht über einen anderen reden, brauchen sie ihre eigenen Schlechtigkeiten nicht zu thematisieren. Vielleicht geht es ihnen jetzt sogar besser als vorher. Und sie lieben sich noch mehr. Nichts schweißt Menschen inniger zusammen als ein gemeinsamer Feind.

Ich werfe die Zigarette weg und vergebe mir. Halt. Halt. Auch das stimmt nicht mehr. Selbst für das Schuldgefühl wird es hart, wenn das Böse gerade Gutes tat.

Nur noch 5693 Tage

Segesta

Es ist nicht nur ein guter Tag, um zu sterben, ich bin auch am besten Ort dafür. Wäre das hier das Letzte, was ich in meinem Leben sähe, stürbe ich mehr als zufrieden. Vorher lag nur der Mond über dem griechischen Amphitheater, jetzt gehe ich den Berg hinunter und sehe das dazugehörige Panorama der leicht gewellten Täler Siziliens unter mir und ein weiteres uraltes Bauwerk der Griechen davor. Einen Säulentempel. Ich stehe auf Säulen, ich weiß nicht, warum. Man sagt, dieser Berg sei heilig. Man sagt viel, aber die Kombination aus der Wurzelarchitektur unserer Zivilisation und der Schönheit Süditaliens ist göttlich. Wie viele Menschen, wie viele Generationen, wie viele wandernde Seelen haben seit den Dorern den Himmel über der Geschichte gesehen? Jetzt bin ich dran.

Die durchschnittliche Lebenserwartung eines männlichen Deutschen beträgt derzeit 28 556 Tage. Davon habe ich bis dato 22 860 gelebt. Es bleiben mir also, statistisch gesehen, noch 5696 Tage. Individuell und im Vertrauen auf meine guten Gene könnten es auch 8000 oder 10 000 Tage werden. Und angesichts der Unwägbarkeiten des Schicksals vielleicht auch nur noch einer. Das Schicksal heißt möglicherweise Luciano. Er ist mein Fahrer und wartet auf dem Parkplatz des Amphitheaters von Segesta in seinem Kleinwagen auf mich.

Luciano ist fast so alt wie ich, und bei einem Süditaliener bedeutet das: Er ist klein, dick, lustig, und er fährt wie die wilde Sau. Er hat mich für 50 Euro hier rausgebracht, jetzt bringt er mich für 50 Euro nach Palermo zurück. Heute Nachmittag hat sein sizilianisches Temperament mich nicht weiter verängstigt, denn die Autostrada war leer, so gegen zehn am Abend aber ist sie brechend voll. Es ist Sonntag, alle müssen morgen wieder arbeiten. Schon nach zehn Minuten stehen wir in einem Megastau, der sich tröpfelnd zu einem Mega-stop-and-go-Verkehr entwickelt. Luciano sieht das nicht ein. Er will zu seiner Frau. Er erklärt den Seitenstreifen zur dritten Fahrbahn, und weil er der Einzige ist, der das macht, kommen wir zügig voran. Fast möchte ich sagen, mit Vollgas. Aber ich traue mich nicht, mir diese Vermutung durch einen Blick auf den Tacho bestätigen zu lassen. Stattdessen starre ich in Erwartung tollwütiger Blaulichter in den Rückspiegel. Wenn Hindernisse vor uns auftauchen, eine Baustelle oder ein Fahrzeug, das auf den Pannenstreifen gehört, weil es eine Panne hat, drängelt sich Luciano in den Stop-and-go-Verkehr zurück, beschimpft jeden, der ihm nur widerwillig Platz macht, und schert, sobald er kann, wieder auf den Seitenstreifen aus. Und Vollgas.

Nach 20 Minuten lebe ich immer noch.

Eine Ausfahrt kommt. Luciano verlässt die Autostrada. Wir sind, wie sich bald herausstellt, noch immer in den lieblichen Bergen der Provinz Trápani. Die Nebenstraße, die uns nun nach Palermo bringen soll, ist schmal und verläuft eigentlich nur in Kurven. Rechts ist immer eine Felswand und links immer ein Abgrund. Ich bin zweimal in meinem Leben privat mit einem Formel-1-Piloten auf einer normalen Landstraße unterwegs gewesen. Luciano fährt nicht unähnlich, nur die Kurventechnik des zweirädrigen Fahrens beherrscht er glücklicherweise noch nicht. Bei ihm bleiben, bis auf wenige Ausnahmen, alle vier Räder auf dem Asphalt. Die Straße weist einige italienische Unebenheiten auf, und immer dann kommen die Ausnahmen zum Tragen, und wir heben ein bisschen ab.

Ein guter Tag, um zu sterben? Ein guter Ort dafür? Gäbe es einen Gott, der alles weiß und alles kann, dann hätte er meine Gedanken beim Verlassen des Amphitheaters mitgehört und jetzt mal die Probe aufs Exempel gemacht. Ob es mein Ernst ist. Oder nur kokettes Gequatsche. Ich würde sagen, es ist mein Ernst. Aber nur, wenn es um alles oder nichts geht. Keine Kompromisse. Kein Koma, keine lebensverlängernden Schläuche, kein Rollstuhl, keine Schmerzen. Nur ein kleiner Hüpfer und letzter Flug, damit könnte ich leben, pardon, sterben. Das wär grad o.k. für mich. Ich habe drei Kinder gezeugt, zwölf Bücher geschrieben, genug Sex gehabt und den Mond im Amphitheater der alten Griechen gesehen. Wenn Luciano mein Fährmann ist, dann ist er es eben. Außerdem gefällt mir die Frage, wer um mich weinen würde. Natürlich wünsche ich niemandem, sich meinetwegen mit Trauer und Schmerzen zu quälen, mich erfreut nur die Erkenntnis, dass es viele Menschen gibt, von denen ich weiß oder glaube, dass sie mich lieben. Es muss schlimm sein, mit dem gegenteiligen Wissen gegen den Fels zu knallen. Oder abzufliegen.

Luciano gefällt meine Einstellung. Wir reden nicht drüber, er spürt sie.

Wir könnten auch nicht drüber reden, selbst wenn wir wollten, denn er spricht weder Englisch noch Deutsch, auch kein Spanisch oder Portugiesisch. Und weil ich grad dabei bin: auch kein Französisch. Er schaut mich eingedenk der Straßenverhältnisse viel zu lange von der Seite an und sagt: »Tu sei un uomo forte.« Dabei legt er Finger und Daumen ausgestreckt aneinander und bewegt sie rhythmisch pulsierend nach oben. Für diese uritalienische Geste nimmt er natürlich beide Hände vom Steuer. Und wie gesagt: nur volle Pulle.

Plötzlich bremst er hart ab und kommt direkt hinter einer Kurve zum Stehen. Er versucht, mir etwas zu erklären, gibt es auf und steigt aus. Er verschwindet nach hinten, mein Blick folgt ihm, und nun sehe ich sie auch: sechs oder sieben ineinandergestapelte weiße Plastikstühle am Rand der Straße. Sie gehören zu einem Ausflugslokal, das um diese Zeit geschlossen hat. Luciano packt die Stühle ein, und das dauert ein bisschen, denn sein Wagen ist, wie schon gesagt, eher klein. Während er die Diebesfracht auf dem Rücksitz verstaut, gebe ich mich der Vision hin, dass wir es sind, die gerade um diese Kurve gesaust kommen, und da steht mitten auf unserer Fahrbahn die Karre eines Wahnsinnigen, der Plastikstühle klaut. Luciano lacht und klatscht in die Hände, als er wieder neben mir sitzt. Nein, das stimmt nicht. Es sieht nur wie Klatschen aus. Es ist eher ein klatschendes Händereiben. »Money«, ruft Luciano, »money, money!« So viel Englisch muss sein.

Endlich beleuchten die Lichter von Palermo den Horizont. Bis zur Stadtgrenze kommt es noch zu folgenden drei kritischen Situationen: bewusst falsches Abbiegen auf eine Stadtautobahn, zeitweiliges Geisterfahrertum und freihändiges Fahren auf einer lang gestreckten Bodenwellenetappe. Ich habe keine Ahnung, was die Italiener sich dabei gedacht haben. Alle drei bis vier Sekunden eine Bodenwelle, die keinen Schaden anrichtet, wenn man langsam darüberfährt, aber langsam geht bei Luciano nicht. Außerdem arbeitet er gerade daran, sich bei offenem Fenster eine Zigarette anzuzünden. Der Fahrtwind spielt da nicht sofort mit, deshalb schützt Luciano die Flamme des Feuerzeugs mit beiden Händen. Rums und hüpf, die nächste Bodenwelle. Drei, vier Bodenwellen später hat Luciano die Zigarette angekriegt und zeigt, als Antwort auf meinen fragenden Blick, auf seinen Unterkörper. Er lenkt mit seinen Beinen. Es folgt eine Demonstration dieser Technik über die nächsten zehn Minuten. In der Stadt angekommen, nimmt er die Hände wieder an das Lenkrad, aber bittet mich inständig darum, meinen Sicherheitsgurt zu lösen. Seinen hatte er während der ganzen Fahrt nicht angelegt, aber er respektierte, dass ich es tat. Nun jedoch brauche auch ich keinen mehr. Ohne Sicherheitsgurt in Palermo? Ich weiß nicht, warum ich es tue. Oder weiß ich es vielleicht doch? Es ist eine Frage der Ehre.

In Palermo fahren alle wie die wilden Säue, aber gegen einen illegalen Profitaxifahrer haben nur die wenigsten eine Chance. Unangeschnallt und eigentlich jede innerstädtische Verkehrsregel brechend, erreichen wir so alsbald das Bahnhofsviertel, meine Pension und seine Frau, denn Luciano wohnt im selben Haus. Ich gebe ihm die abgemachten 100 Euro, und Luciano sagt »grazie«. Dann lege ich noch einen 20-Euro-Schein obendrauf, und Luciano fragt »perché?«.

»Weil ich noch lebe«, antworte ich, und der Sizilianer strahlt.

Ich liebe auch noch, aber das halte ich gerade für keine gute Nachricht. Ich kann Frauen nicht lieben, weil ich generell zu stark liebe. Für die Liebe zum Schreiben und Leben ist das passend, aber nicht für den Sex. Ich hatte mal eine Französin, die wollte nur ficken. Keine Küsse, keine Zärtlichkeit, keine gemeinsame Zeit, bis auf die Stunde am Nachmittag, die sie »Happy Hour« nannte. Die aber jeden Tag. Weil sie an ihrem Arbeitsplatz eine Führungskraft war, teilte sie sich ihre Pausen selbst ein. Alles, was ich für diese Beziehung tun musste, war, mein Handy ständig bei mir zu haben, um die Happy-Hour-Anfrage per SMS nicht zu verpassen. Wir verzichteten auch auf jegliches Vorspiel, weil die Zeit knapp war, und knallten vom Start weg wie die Hunde los, was ihr nach eigenem und, wie ich meine, aufrichtigem Bekunden nie unter zwei Orgasmen einbrachte. Ich liebte mein Leben. Happy Hour am Nachmittag, schreiben und kiffen am Abend und die Absacker-Trance auf Rumbasis in der Nacht. Es hätte ewig so weitergehen können, aber dann verliebte ich mich. Danach hätte es auch noch ewig so weitergehen können, denn ich fickte sie ja jeden Tag, aber als sie gerade wieder mal nach eigenem und, wie ich meine, aufrichtigem Bekunden zwei Orgasmen in nur einer Position gehabt hatte, fragte sie mich, was mir lieber wäre: entweder überhaupt keinen Sex mehr mit ihr zu haben oder zu akzeptieren, dass sie noch mit anderen Männern schlafe. Ich sagte es ja schon: eine Französin. »Ich habe eigentlich keinen Bock darauf, Mitglied einer Wohngemeinschaft in deiner Muschi zu werden«, antwortete ich, und dann war Schluss. Nicht sofort, aber zeitnah. Weil sie meinen Spruch so lustig fand, versuchte sie eine Weile, treu zu sein, und eine Weile versuchte ich, mit ihren gescheiterten Versuchen klarzukommen, aber all diese Versuche verbrannten in meiner Eifersucht wie Teddybären in einem Feuersturm. Das war vor sieben Jahren. Jetzt ist es wieder so weit. Und wieder eine schöne Französin. Sie hat sogar denselben Vornamen. Was will mir das Schicksal damit sagen? Dass jeder zwei Chancen hat? Wie in der Schule? Einmal darf man sitzen bleiben. Aber beim zweiten Mal muss es klappen, die Liebe nicht durch zu starkes Lieben wieder zu verlieren.

Als ich das Amphitheater der Griechen verließ, war das natürlich auch ein Thema für mich, denn die abnorme Schönheit der Landschaft, der Tempel und die Vollmondnacht waren mal für sie und mich geplant. Die Planerfüllung fand nicht statt, ich ging allein den Berg hinab, und natürlich habe ich darüber nachgedacht, wie es wäre, wenn sie jetzt neben mir gehen und da unten auch nicht Luciano auf mich warten würde, sondern meine Mercedes-Limousine, in der wir durch die leicht gewellten Täler Siziliens von Rotweinabend zu Rotweinabend rollen würden. Das war kein schmerzfreier Gedanke für mich, aber die, wie soll ich sagen, Magie des Ortes und des Augenblicks nagelten mich auf ein Glücksempfinden fest, das noch tiefer liegt als das Glück der Liebe mit einer Französin. Das Glück, allein in Schönheit zu wandeln. Das Glück, Gott zu sehen. Ich weiß, das ist pathetisch, aber so fühle ich halt manchmal. Und sobald ich den Berg herab war, übernahm Luciano den Bauchladen meiner Gefühle mit seiner grenzmörderischen Fahrt. Erst als er mich vor meiner Pension in Palermo abgesetzt hat, ist neben meiner Freude am Überleben plötzlich auch wieder die Liebe da. Und so lustig finde ich das nicht, wegen dem Kummer hintendran. Kein großer, er brennt auf kleiner Flamme, aber ständig, und das seit etwa einer Woche. Das zermürbt ein wenig, das zehrt an den Kräften, das schwächt die Aufmerksamkeit, die Instinkte, den Bullshit-Detektor, und das darf in Palermo eigentlich nicht sein.

Die Hauptstadt der Mafia ist auch die Hauptstadt der Straßenkriminalität. Das erhöht schon für den gesunden Reisenden die Chancen auf Wertverluste, aber für einen, der in lückenloser nervöser Abwesenheit auch ohne fremdes Zutun ständig sein Hab und Gut von sich schmeißt, kann Palermo schnell ein bisschen komisch werden. Ich stehe, um ein Beispiel zu geben, vor der Café-Bar »Mamà Rita« und will mir eine Zigarette anzünden, aber ich finde mein Feuerzeug nicht. Das heißt nicht, dass ich keins bei mir habe, ich finde es einfach nicht. Glücklicherweise kommt in diesem Augenblick ein Feuerzeugverkäufer vorbei. Ein kleiner Mann in einem bunten T-Shirt. Er trägt drei Einwegfeuerzeuge in seiner geöffneten Hand und will dafür einen Euro. Ich finde aber kein Kleingeld in meinen Taschen, was nicht heißt, dass ich kein Kleingeld habe, ich finde es nur einfach nicht. Dafür finde ich einen 20-Euro-Schein. Den gebe ich ihm. Er kann nicht wechseln. Und auch kein Englisch. Er zeigt in die Café-Bar und verschwindet darin. Er kommt raus und schüttelt den Kopf. Er zeigt auf das nächste Café 30 Meter weiter und macht sich auf den Weg. Und natürlich habe ich ihn nie wieder gesehen. Warum ging ich nicht mit? Warum blieb ich stehen? Warum vertraute ich ihm? Diese Fragen beschäftigen mich noch eine ganze Weile. Und die Antwort ist: Es war sein T-Shirt mit den bunten Streifen. Das Design ist bei mir harmlos besetzt. Toleranz, freie Liebe, Regenbogen-Paraden, Kindergeburtstag. Ich habe damit vielleicht sogar nicht mal unrecht. Denn er ist nicht einfach so weggegangen. Nach ein paar Metern stoppte er noch mal seine Schritte und kam zurück, um mir die drei Einwegfeuerzeuge zu geben. Das hätte er nicht tun müssen.

Mein erster Spaziergang durch den Arabermarkt Ballarò im Stadtviertel Albergheria wurde, obwohl ich nichts kaufte außer zwei Gramm Haschisch, auch recht teuer. Der Markt ist kein Quadrat oder Viereck, sondern er verläuft im Zickzack über kleine Plätze und durch breite Gassen. Der Suk der Marokkaner, Schwarzafrikaner und Biosizilianer in Palermo ist ein weltweit anerkanntes Taschendiebstahl-Hochrisikogebiet. Ich verteile deshalb vorher meine Münzen und Scheine auf beide Hosen- und eine Jackentasche. Gern würde ich sagen, die Atmosphäre, die Düfte, die Gesichter auf der Schnittstelle Europas und Afrikas lassen mich alle Vorsicht vergessen, aber ich bin ja gar nicht hier, sondern wieder mal bei ihr, und als ich aus dem Arabermarkt herauskomme, greife ich zuerst in die Jackentasche, und die ist leer. Dann prüfe ich die rechte Hosentasche. Die ist auch leer. Die linke ebenso. Leer wie Lehrgeld. Weg sind um die 70 Euro. Statt mich zu ärgern, muss ich lachen. Das ist immer eine Grundsatzentscheidung, aber jetzt ist es auch der Beweis, dass Holland noch nicht verloren ist. Liebeskummer ist eine widerliche Kloake, aber ich stecke offensichtlich nur bis zu den Knöcheln drin, manchmal bis zu den Knien, aber Gott sei Dank nicht bis zu den Eiern. Ich kann noch neben mir stehen und mir dabei zusehen, wie ich Blödsinn mache.

Der professionelle Umgang mit emotionalen Ausnahmezuständen auf Reisen geht so: nichts wie weg oder Anker werfen. Die Flucht empfiehlt sich bei äußeren Feinden; das Stillhalten, wenn der Feind in dir ist. Seit wann ist die Liebe der Feind? Wer stellt solche Fragen? Die Freiheit nicht. Der Wille auch nicht. Und wenn ich es recht bedenke, auch die Vernunft fürchtet die Liebe zwischen Mann und Frau. Die gehört da einfach nicht hin. Die Liebe ist das arme Opferschwein, das ständig geschlachtet wird. Erst quiekt es vor Lust, dann quiekt es vor Schmerz. Der professionelle Umgang mit emotionalen Ausnahmezuständen, deren Ursachen in dir sind, wird deshalb sofort nach einer Bleibe suchen, in der man die Quieksau aussitzen kann.

Ich wohne, seitdem mich der Flughafenbus dort ausspuckte, direkt gegenüber vom Bahnhof Palermo Centrale. Von dem kleinen Balkon meines Zimmers schaue ich auf einen Teil des Bahnhofsvorplatzes und auf eine viel befahrene Straße, und von meinem Bett aus sehe ich auf die Decke. Sie fällt mir nicht auf den Kopf, denn der Raum ist hoch und zeugt von architektonischer Raffinesse, ich sehe in eine Kuppel. Meine Gefühle dabei entsprechen den Bildern, die mir tagträumend durch den Kopf ziehen. Was produziert was? Das Gefühl den Traum oder der Traum das Gefühl? Und was wäre mir lieber? Wenn der Traum über das Gefühl herrschte und ich über den Traum, könnte man die Sache manipulieren. Dann fällt mir auf, dass ich genau das seit Stunden mache. Ich träume davon, nicht den Krieg, sondern nur eine Schlacht verloren zu haben. Ich träume davon, dass alles gut wird. Und während ich das träume, wird alles gut, und alles fühlt sich bis zum Eintreffen ihrer nächsten Mail auch gut an. Danach ist die Ratte wieder wach und nagt an meiner Leber. Ratte, Quieksau, widerliche Kloake! Ich mag meine romantische Einstellung zur Liebe in Palermo. Ich stelle mir vor, ich wäre jetzt in Andalusien und dem Flamenco ausgeliefert. Es gibt Suizid- und Amokkulturen. In Sizilien singt man Liebeslieder eher mit Kugeln.

Obwohl ich professionell mit der emotionalen Ausnahmesituation umgehe und meine Pension nur selten verlasse, miete ich bei jedem Spaziergang ein neues Zimmer, ohne das alte aufzugeben. Mittlerweile habe ich drei. Und alle drei für drei Tage im Voraus bezahlt. Das ist nicht normal, ich weiß, aber durchaus erklärbar. Mein erstes Zimmer gefällt mir gut, aber es hat einen zu kleinen Balkon für einen Schreibtisch. Ich kann nur schreiben, wenn ich rauche, und in italienischen Hotels und Pensionen darf man nur auf dem Balkon rauchen. Ich suche deshalb einen größeren Balkon, und ich suche ihn, um die Gelegenheit beim Schopf zu ergreifen, auch in einer romantischeren Gegend. Dagegen ist nichts zu sagen, aber ich suche zur falschen Zeit. Kein Mensch sucht in der Mittagshitze des sizilianischen Sommers in den malerischen Gassen des Hafenviertels nach irgendwas. Nur ich laufe durch die Mörderhitze und vergesse dabei, warum und wohin. Dann fällt es mir wieder ein: Ich will einen größeren Balkon. Ich schleppe mich weiter, die Zunge hängt mir aus dem Hals, das Gehirn aus den Ohren, die Zuversicht aus dem Arsch. Ich will einen größeren Balkon! Ich finde einen, der ein bisschen größer als mein alter ist, und miete ihn für 40 Euro pro Tag. Ich bezahle die 120 Euro im Voraus, aber das zum Balkon gehörige Zimmer werde ich nur mit geschlossenen Augen durchschreiten, denn es ist fürchterlich lila. Wände, Decke, Bettbezug, Lampenschirme, alles lila. Auf dem Weg zurück zu meiner Bahnhofspension graut es mir mehr und mehr davor. Niemals werde ich da schlafen. Nur arbeiten. So ab sechs Uhr nachmittags, wenn alle wieder zu arbeiten beginnen, werde ich mit meinem Laptop rübergehen, und das mache ich auch, aber ich komme nicht weit, weil ich unterwegs plötzlich einen Balkon sehe, der in seiner Größe einem kleinen Garten gleicht, in fünf Stockwerken Höhe, und darüber steht »Albergo«. Das Zimmer ist frei, das Zimmer ist schön, und der Balkon ist tatsächlich ein Garten mit allerlei Pflanzen, und der Blick geht über die Dächer der Altstadt, die geradeaus von einem nicht allzu hohen, aber scharfkantigen Berg begrenzt werden und rechts vom blauen Meer. Ich kann mir augenblicklich vorstellen, wie das in der Nacht bei Vollmond aussieht, und miete das Zimmer sofort. Für drei Tage à 30 Euro. Dieses Mal miete ich den Balkon und das Zimmer, denn es hat mit seiner reduzierten, aber geschmackvollen Einrichtung einen zum Liebeskummer passenden mönchischen Charakter. Allerdings ist es ein klassisches Einzelzimmer mit einem schmalen Bett. Auf so was kann ich nicht schlafen. Für insgesamt 100 Euro am Tag leiste ich mir deshalb in Palermo drei Zimmer. Eines, in dem ich schlafe, eines, in das ich nie gehe, und eines, auf dessen großem Balkon ich in den Mond sehe. Er spiegelt sich auf dem Glas des Schreibtisches, und seine Spiegelung fasziniert mich mehr als das Original, weil in ihr nicht die Dächer der Stadt zu sehen sind, sondern nur die Essenz. Vollmond. Himmel. Universum. Wie im Amphitheater der Griechen. Und ich habe noch 5693 Tage.

Hier lebt nur die Zeit

Glashütte

Ich fang mal etwas umständlich an. Die Erde ist 4,6 Milliarden Jahre alt. Die Menschheit nur 160 000 Jahre. Davon lebt der durchschnittliche Mitteleuropäer, wie wir nunmehr wissen, 28 556 Tage. Gemessen an dem Alter des Planeten, bin ich nur ein Wimpernschlag der Zeit. Was mache ich damit? Und was ist Leben? Wir können uns das fragen. Das Tier, der Baum, der Bach und die Steine können das nicht, nicht mal der Blitz oder die Sterne. Jeder Stern in der wolkenlosen Nacht ist eine Sonne. Und kein Mensch weiß, wie viele es davon gibt. Und wo das endet. Oder wo es angefangen hat. Die Welt ist ein verdammtes Wunder, über das nur wir uns wundern können. Und ich wundere mich gerade über einen kleinen Ort im Erzgebirge. Ich glaube, man kann auch sagen, in der Sächsischen Schweiz. Warum zur Hölle gibt es hier keine Kneipe? Jedes Dorf hat eine. Und in Glashütte leben immerhin 6771 Menschen. Wollen die nie trinken? Nie ein Held der Theke sein? Eine Kirche gibt's, aber kein Lokal. Gott ohne Teufel geht irgendwie nicht. Das zerstört das Gleichgewicht.

Die Bäckerin will eigentlich nicht darüber reden, aber vielleicht irre ich mich auch, und sie will, aber kann nicht, weil ihr die Worte fehlen. So sehr regt sie das Thema auf. Sie schimpft eine Weile mit den Armen, dann kommt doch noch was aus ihr heraus.

»Es ist eine Schande«, sagt sie.

»Haben die Grünen hier die Gastronomie verboten?«

Sie versteht mich nicht.

»Na, wegen dem Rauchen.«

»Es ist eine Schande.«

Dann besinnt sie sich.

»In meiner Bäckerei dürfen Sie das aber auch nicht.«

Die Wahrheit ist: Die Grünen sind nicht an allem schuld. Es hat früher drei Lokale in Glashütte gegeben. Mittlerweile sind die Wirte tot oder steinalt. Und der Nachwuchs ist geflohen. In die große, weite Welt von Dresden, oder gar nach Berlin. »Es ist ein Schande«, sagt die Bäckerin noch einmal, und dann kommt ein weiterer Kunde herein. Er ist alt und klein. Und hypergesprächsbereit. »Darf ich fragen, was Sie hier machen?«, fragt er. »Wir suchen die Zeit«, antworte ich. Das freut ihn. Seit 1845 werden in Glashütte Uhren gemacht. Und er war mit dabei. Er hat über 40 Jahre irgendein Detail im Uhrwerk hergestellt, und als ich das Detail konkretisieren will, winkt er ab. »Das verstehen Sie sowieso nicht. Aber darf ich Ihnen mal einen Witz erzählen?«

Cool. Man trifft heutzutage nicht mehr so oft Witzeerzähler. Aber vielleicht bin ich zu selten in Sachsen. Vielleicht gelten hier Witze als subversive Kleinkunst. Aber seiner ist politisch korrekt. Schwarzenegger, Trump, der Papst und ein Mädchen sitzen in einem kleinen Flugzeug, das abzustürzen droht. Aber es gibt nur drei Fallschirme. Schwarzenegger schnappt sich sofort einen und springt raus. Trump macht es ihm nach, und was jetzt? »Nimm du den letzten Fallschirm«, sagt der Papst. »Ich gehe zu Gott.« – »Nein, Heiliger Vater«, sagt das Mädchen, »das brauchen Sie nicht. Trump ist mit meinem Schulrucksack abgesprungen.«

Ich gehe dann mit meinem Kaffee und Frank vor die Tür der Bäckerei, damit ich eine rauchen kann. Frank raucht nicht. Er ist mein Freund und Fotograf. Wir schauen auf eine ziemlich ruhig befahrene Straße. Auch eine ziemlich ruhig begangene. Niemand ist bei dem Scheißwetter darauf zu sehen. Und Frank sagt: »Ich schlage vor, dass wir erst mal ins Hotel fahren und dort was essen.« Gute Idee, denn dafür müssen wir Glashütte schon wieder verlassen. Ein Hotel gibt es hier natürlich auch nicht. Im Ort begegnen wir noch hier und da einem anderen Fahrzeug, aber danach sind wir die Einzigen auf der schmalen, kurvigen Straße. Wir fahren bergauf und bergab durch einen dunklen Wald. Felsbrocken liegen zwischen den Bäumen, ein wilder Bach rauscht.

»Ist das hier die Rübezahl-Gegend, Frank?«

»Nein, das verwechselst du mit Böhmen.«

Vor uns die Wildschweine, hinter uns die tschechische Grenze. Hier war noch nie was los. Darum unterstützte vor 172 Jahren die königlich-sächsische Regierung mit einem Darlehen von 7820 Talern das Ansinnen des Dresdner Uhrmachers Ferdinand Adolph Lange, in der strukturschwachen Region eine Uhrenmanufaktur zu gründen, die sich zu einer Industrie auswachsen möge. Die Hoffnung wurde nicht enttäuscht, denn Ferdinand Adolph Lange erwies sich als gottgewollter Vermesser der Zeit. Er hatte Talent, Leidenschaft, Ideenreichtum, kaufmännisches Geschick und die richtigen Finger für mikro-feinmechanische Fummeleien, außerdem kannte er die Welt. Seine Wanderjahre als Geselle hatten ihn zu den besten Uhrmachern in England, Frankreich und der Schweiz geführt, und auch der Beste von allen, der Österreicher Joseph Thaddäus Winnerl, bot ihm sofort eine lebenslange Stellung in Paris an. Also Montmartre, Moulin Rouge und französische Zimmermädchen forever. Aber nein: Glashütte.

Ferdinand Adolph Lange dachte in Generationen. Er bildete die Einwohner zu Uhrmachern aus, half seinen fähigsten Leuten, eigene Manufakturen zu gründen, und zeugte

Söhne. Darüber hinaus achtete er nicht nur auf maximale Qualität seiner Uhren, sondern auch auf die unbeirrbare Weiterentwicklung des Wahren, Guten, Schönen. Er entwickelte neue Präzisionswerkzeuge, er eroberte die Messbarkeit des Zehntelmillimeter, er wurde Bürgermeister von Glashütte, und als er 1875 starb, hinterließ er nicht nur ein blühendes Familienunternehmen, sondern auch einen wirtschaftlich putzgesunden Ort, der sich zum Zentrum der deutschen Uhrenproduktion entwickeln sollte. Weder Weltkriege noch Kommunisten konnten diese Jahrhunderte währende Erfolgsgeschichte nachhaltig stoppen, denn nach der Wende kehrten die von der DDR enteigneten Nachkommen von Ferdinand Adolph Lange wieder nach Glashütte zurück. Andere renommierte Uhrmacher zogen mit. Inzwischen gibt es wieder neun Manufakturen in dem kleinen Ort, jede Menge Uhrengeschäfte, ein Uhrenmuseum und keine Kneipe, aber das Thema hatten wir schon. Hier und heute interessieren uns die Menschen. Haben die Glashüttener ein anderes Verhältnis zur Zeit? Ein bewussteres? Ein intimeres? Ein familiäreres?

Grundsätzlich finde ich die Frage, ob Monoproduktionen Parallelgesellschaften erzeugen, nicht abwegig. Ich besuchte mal in Kuba ein Dorf, neben dem eine Rumfabrik stand. Alle Bewohner arbeiteten dort oder in den Zuckerrohrfeldern. Und alle waren deutlich betrunkener als zum Beispiel ich. In einer Uhrmacherstadt, in der sich seit Generationen alles um die Zeit dreht, vermute ich mehr Erleuchtete als anderswo. Oder zumindest mehr Pünktliche. Überpünktliche. Auch unpünktliche Menschen. Sind sie Gefangene der Zeit oder Zeitlose? Zeitverschwender oder Zeitgenießer? Oder fürchten sie gar das ewige Ticktack der noch verbleibenden Tage? Haben sie mehr Angst vor dem Tod als andere? Und deshalb mehr Respekt für das Leben?

Die zweite Bäckerin, mit der ich in Glashütte rede, beantwortet all diese Frage für sich mit Nein. Für andere kann sie nicht sprechen, aber ihr selbst fällt kein besonderer Bezug zur Zeit ein. Auch nicht zu Uhren. Sie trägt nicht mal eine aus der heimischen Produktion. Sie ist Angestellte und verdient nur den Mindestlohn. Damit kann man sich keine Glashütter Uhr leisten. Deren Preise beginnen bei 500 Euro und enden im Nirgendwo. Und apropos: Warum immer Bäckerinnen? Weil es so viele Bäckereien in Glashütte gibt. Überproportional viele für einen Ort dieser Größe. Aber nur einen Schreibwarenladen. Er gehört Karin Loose. Mein Gott, ist sie blond. Und gut gelaunt. Und jung geblieben. Und obschon sie vor 61 Jahren hier geboren wurde, trägt auch sie keine Uhr aus dem Ort am Handgelenk, sondern eine aus Taiwan. Aber als ich wissen will, ob sie sich als Urglashütterin schon mal Gedanken über die Zeit an und für sich gemacht hat, sagt sie nicht Nein, sondern denkt nach. Und dann sagt sie Ja. Vor 47 Jahren. In einem Schulaufsatz. Sie war damals 14. Thema: »Wie schnell läuft die Zeit?« Und? Ist sie schnell gelaufen? »Viel zu schnell«. Die Jahre vergingen wie im Flug, auch die DDR ist weg. Aber den Aufsatz hat sie noch irgendwo zu Haus. Sie holt ihn für uns in der Mittagspause. Als sie zurückkommt, schämt sie sich ein bisschen. Sie hat grad ihren Schulaufsatz nach langer Zeit noch einmal gelesen. Und ist erstaunt, wie indoktriniert sie als Jugendliche in der DDR war. Nachdem auch ich ihn gelesen habe, bin ich das ebenfalls. Hier ein paar Kostproben:

»Zeit – sie ist kostbar und misst den Wert unserer geleisteten Arbeit, aber auch den Grad ihrer Verschwendung. Die rationale Zeitausnutzung beginnt für mich schon im Unterricht. Wenn ich im Unterricht gut aufpasse, mitarbeite und mitdenke, umso weniger Zeit habe ich dadurch für die Hausaufgaben aufzubringen. In dieser gutgemachten Zeit kann ich mich außerschulisch weiterbilden.«

Hat das eine Pubertierende geschrieben? Sie will ihre Freizeit nicht mit Freizeit verschwenden? Und was ist mit dem nächsten Absatz? Ist auch der frech gelogen? Oder nur eine Fehleinschätzung der Lage?

»Sehr schwer dagegen haben es die Jugendlichen, die in einer anderen Gesellschaftsordnung aufwachsen. Sie müssen in ihrer Freizeit, z. B. den Lehrmeistern die Schuhe putzen und Kohlen schleppen. Wir dagegen können unsere kostbare Zeit sinnvoll nutzen.«

Sie hatten damals kein Westfernsehen, auch kein Westradio, entschuldigt sich die Schreibwarenhändlerin. Die Wahrheiten der freien Welt strahlten nicht bis hintern Wald ins Erzgebirge. Aber es sei ja auch nicht alles falsch gewesen. Einen Satz ihrer Schularbeit könne sie noch heute unterstreichen. Der stimme in allen Zeiten:

»Wir alle stehen im Wettstreit mit dem sich unerbittlich drehenden Sekundenzeiger.«

Schon wieder falsch. »Fast alle« wäre richtig gewesen. Nur ein paar Häuser weiter treffen wir auf einen schlauen Sachsen, der sich den Sekundenzeiger aus seiner Armbanduhr hat herausbauen lassen. Endlich geht es auch um eine Uhr aus Glashütte, aber er mag die Marke nicht nennen, damit die Firma nicht beleidigt ist. Er will ja weiterhin auch ihre Uhren verkaufen. Gute Uhren, aber ihren Sekundenzeiger braucht er nicht. Oder nicht mehr. Für ihn war es ein Akt der Entschleunigung. Außerdem sei eine Uhr in erster Linie kein Zeitanzeiger, sondern ein Status-Messinstrument. Zeig mir deine Ticktack, und ich sag dir, wie du tickst und wer du bist. Trägst du eine Rolex, bist du ein Millionär. Und trägst du die »Grand Complication« von A. Lange & Söhne, bist du Milliardär. Sie kostet zwei Millionen Euro und ist die teuerste Armbanduhr der Welt. Nicht wegen der Brillis, sondern weil sie extrem viel kann. Sie zeigt zum Beispiel die Schaltjahre an. Alle vier Jahre hat auf ihrem Zifferblatt der Februar 29 Tage. Das brauche kein Mensch, aber wahrer Luxus dürfe nicht nützlich sein, meint der Uhrenhändler. Das wäre zu profan. Er biete in seinem Geschäft allerdings nur wahre Wertarbeit an. Von 500 bis 7000 Euro. Wer sie trage, sei wohlhabend und professionell. Ich zeige ihm meine Uhr. Und wer bin ich? Er sagt »na ja«, mehr nicht.

Das stimmt mich nachdenklich. Bisher glaubte ich, die Schuhe verrieten den Mann. Aber Unwissenheit schützt vor Verachtung nicht. Was soll ich tun? Mir eine teure Uhr kaufen? Oder eine fast teure? Wo fängt der Preis an, der mir gebührt? Als wir in Franks Auto sitzen, denke ich noch immer darüber nach. Wir fahren eine letzte Runde durch den Ort. Eigentlich wollten wir einen letzten Spaziergang machen. Der Geist war willig, aber das Fleisch wollte Sitzheizung. Und ich habe eh nichts verpasst. Die Straßen von Glashütte sind am späten Nachmittag so verkehrsberuhigt wie am späten Vormittag und wie gestern, am frühen Abend. Das nennt man noch nicht ausgestorben, sondern dauerhaft off season oder Provinz. Keine Menschen, Tiere oder Sensationen können mich hier von meiner Frage nach der richtigen Uhr ablenken, und kaum sind wir aus Glashütte heraus, fällt mir die Antwort ein. Ich werde keine Uhr mehr tragen. Das verrät nichts. Und lässt nur positive Spekulationen zu. Denn niemand ist so arm, dass er sich keine Uhr leisten kann. Aber wer kann es sich leisten, keine zu haben? Ich besaß mein halbes Leben keine Uhr, aber diese ist von meinem verstorbenen Vater. Erst trug ich sie aus emotionalen Gründen, dann gewöhnte ich mich daran. Die Trauerarbeit ist getan. Ich brauche sie nicht mehr. Ich nehme die Uhr ab und fühle mich wie von einer Handschelle befreit. Darüber hinaus sehne ich mich nach der Autobahn und ihrer Gastronomie.

Jacquelinas Orient

Marokko

»Entweder ich ändere mein Leben, oder ich sterbe«, hatte Jacquelina vor etwa 16 Jahren zu sich gesagt, und sie entschied sich für die Veränderung, denn sterben kann man ja immer noch, wenn es mit dem neuen Leben nicht so klappt wie angedacht. Sie verließ Paris und ging nach Marrakesch. Gute Wahl. Ich kenne eine ganze Reihe Europäer, denen Marokko nachhaltig geholfen hat. Die einen hatten ihr Leben lang unter Depressionen gelitten und waren in Marrakesch nur noch halb depressiv. Und die vorher Halbdepressiven litten gar nicht mehr unter der Verdunklung der Seele, was unbedingt mit dem Licht hier zu tun hat, dem Einfallswinkel der Sonnenstrahlen und den Farben, die sie ermöglichen. Jacquelina hatten keine neurologischen Probleme nach Marrakesch gebracht, sie wurde vom Schicksal aus ihrem alten Leben vertrieben. Erst hatte sie nach 37 Jahren Ehe ihr Mann verlassen, dann starb einer ihrer beiden Söhne. Aber Marokko half auch in diesem Fall, und inzwischen ist Jacquelina eine 62-jährige Frau, die in entspannter Schönheit lebt und sich scheinbar nebenbei als Hotelière etabliert hat. Sie besitzt einen Gäste-Riad in der Medina von Marrakesch, ein Gäste-Haus in den Bergen und zwei Gäste-Höhlen am Meer, 50 Kilometer südlich von Agadir.

Sie holt uns am Flughafen ab, aber weil ihr Riad in Marrakesch in dieser Nacht noch voll belegt ist, fahren wir zuerst in den Hohen Atlas. Das ist ein ungewöhnlicher Reiseverlauf für Marokko, normalerweise macht man erst die Königsstadt und dann die Berge, aber so geht es natürlich auch. Man kommt aus Zürich oder Hamburg oder von sonstwo aus Mitteleuropa dahergeflogen und fährt 40 Minuten nach der Landung zum einen bei Sonnenuntergang durch den Himmel und zum anderen durch die bizarren Schönheiten marokkanischer Serpentinen, danach macht man im Prinzip dasselbe, nur bei Dunkelheit, und am Ende der Reise wartet das Eselchen fürs Gepäck.

Individualreisen im Grenzbereich des Abenteuers sind durchaus noch immer mein Ding, solange die Temperaturen mitspielen. Das tun sie aber nicht. Es ist zu kalt. Nicht für die Jahreszeit, aber für mich. Ich gehöre nicht im Winter in den Hohen Atlas, für ganz Marokko ist es die falsche Zeit. 22 Grad am Tag, aber sobald die Sonne weg ist, stürzt das Thermometer ab, und die Kultur der ständig beheizten Innenräume hat sich in Nordafrika bis heute nicht durchgesetzt, auch nicht in Südeuropa, wenn wir ehrlich sind, rund ums Mittelmeer wird es ab dem Abend ungemütlich, und die Berge vor der Sahara legen da noch mal gefühlte zehn Grad mehr Ungemütlichkeit drauf. Sie sind wild, sie sind rau, sie sind die schneegekrönte Barriere zur großen Wüste, hinter der Schwarzafrika beginnt. Hier fängt es an, hier sind die Pässe zu den Oasen von Quarzarate und Mhamid sowie der kleine Pfad zu dem Berber-Dorf Tamatert, in dem Jacquelinas Gästehaus steht. Es ist voller Kamine und offener Feuer, was meine Laune sofort hebt.

Jacquelina weiß also, wie es geht. Sie hat oft genug in den traditionellen Unterkünften der Bergbewohner genächtigt und nachher deren Herzlichkeit gerühmt, aber die Sauberkeit bemängelt. Ich kenne das. Auch über mich fielen schon Ziegenflöhe her. Es hat mich nicht umgebracht, aber nachher habe ich ebenfalls gedacht, wie schön es wäre, aus einer wildromantischen »Auberge Berbère« ohne nachhaltigen Juckreiz wieder herauszukommen. Jacquelina kaufte für 'nen Appel und 'n Ei ein Stück Land in Tamatert, baute für noch mal 'nen Appel und 'n Ei mit den Dorfbewohnern aus Lehm, Natursteinen und Holz ein verschachteltes Berber-Bürglein mit Terrassen, Höfen und Gärten drauf, und alles, die Betten, die Zimmer, der Salon, die Treppen, alles ist perfekt kulturell korrekt, trotzdem könnte man hier den Boden lecken, denn Jacquelina ist eine orientalisierte Eidgenössin. Es lebe die Schweiz. Es lebe Marokko. Es lebe Paris. Drei Kulturen haben den Geschmack und die Seele dieser Frau berührt, und sie machte das Beste daraus.

Weil Elektrizität hier schwierig ist, erleuchten jede Menge, aber wirklich JEDE MENGE Kerzen die Flure, Stiegen, Küchen und verschwiegenen Ecken sowie die Sitzoasen rund um den großen Kamin des Salons. Die Gäste sind jung und beiderlei Geschlechts, bei Couscous, Rotwein und Zigaretten verliere ich mich mal in Gesprächen und mal in der Wärme des Feuers. Und natürlich auch in dessen Anblick. Das ist ein genetisches Programm. Seitdem es die Menschheit gibt, hypnotisiert das Feuer sie, und bevor ich mich versehe, bin ich der Letzte am Kamin. Und der Letzte macht das Licht aus. So steht es in der Hausordnung. Nicht nur im Salon, sondern jede Kerze auf seinem Weg, alle Kerzen im Treppenhaus, alle im Flur, und dafür muss ich mich bücken, dafür muss ich Lampentürchen öffnen, dafür muss ich pusten und wedeln, und als ich damit durch bin und endlich auf der kleinen Terrasse zu meiner Berber-Hütte stehe, unter mir ein Gärtchen mit Apfelbäumen, rechts von mir ein Esel in seinem Stall und über mir die Sterne, der Vollmond und das Universum, beginne ich mich ernsthaft zu fragen, ob es stimmt, dass der Altersprozess nicht kontinuierlich verläuft, sondern in Schüben. Ich hatte davon irgendwo gelesen. Die Kraft bleibt jahrelang auf einem Level, fällt plötzlich ein paar Etagen tiefer und bleibt auf diesem Niveau wieder ein paar Jahre, bis zum nächsten Schub nach unten.

Wenn das stimmt, altere ich nicht unmerklich, sondern kriege es jedes Mal volle Kanne mit. So wie jetzt. Ich bin nun schon fast ein Jahr 63, aber zum ersten Mal atme ich wie mit 70. Erst im Bett, und kurz vor dem Einschlafen, kommt mir der hoffnungsfrohe Gedanke, Jacquelina als Erstes morgen früh danach zu fragen, wie hoch im Hohen Atlas wir hier eigentlich sind.

»2000 Meter«, sagt sie.

Wir frühstücken auf der Sonnenterrasse und blicken in das wilde Tal, an dessen Rand das Dorf Tamatert wie eine lehmbraune Minifestung klebt, und was mich angeht, wird nun alles wieder gut. Es war kein Altersschub, es war und ist die Höhenluft, und dass ich mit 63 auf einer Höhe von 2000 Metern genauso schwer atmete wie mit 50 auf 3000, ist kein inakzeptabler Kraftverlust. Außerdem werde ich schon in zwei Stunden wieder deutlich jünger sein, denn oben, an der Straße, wartet bereits das Taxi nach Marrakesch.

Als Jacquelina zum ersten Mal einen Riad in Marrakesch betrat, wusste sie sofort, dass sie so für immer wohnen will. Ein Garten hinterm Haus ist was Feines, ein Garten davor oder daneben auch, aber wenn Rosenbüsche, Palmen und obsttragende Bäume das Zentrum des Hauses bilden, dann pflückt man sich die Zutaten für einen Campari Orange sozusagen direkt vom Wohnzimmerbaum. Für die Vitamine, die ein Tequila braucht, gilt das auch, denn in Marrakesch hat sich eine Sonderzüchtung durchgesetzt: Bäume, die Orangen und Zitronen gleichzeitig tragen, und wenn das Frühjahr kommt und keine Cocktailfrüchte in Griffnähe hängen, schwängern dafür deren Blüten den Patio mit Naturparfüm.

Das Sonnenlicht, das es durch die Blätter schafft, ist Teil der Dekoration. Strahlengitter auf den Bodenkacheln, goldene Tropfen auf den Polstern und Kanapees, Lichtmosaike an den Kettlackwänden, das alles passt bestens zu dem Soundteppich, der tagein, tagaus durch die inneren Oasen der Riads schwebt. Springbrunnen plätschern, Vöglein zwitschern, Hausmädchen flüstern, und fünfmal am Tag gesellt sich von den Dächern der Ruf des Muezzins dazu. Gott ist groß. Wer wollte das bestreiten. Und viel mehr hört man hier nicht, denn die Außenmauern sind dick und hoch und in der Regel auch fensterlos. Die Räume in einem Riad öffnen sich nur zu den inneren Gärten.

Als Jacquelina also zum ersten Mal einen der inneren Gärten von Marrakesch betreten hatte, kaufte sie das Haus für 50 000 Euro, steckte noch mal 50 000 in die Renovierungen und nannte das Ergebnis zu Recht »Riad Samsara«. Das ist ein indisches Wort. Es bezeichnet die Vorstufe zum Nirwana. Die Vorstufe zur Hölle wurde dagegen für mich der Besuch bei ihrem Teppichhändler.

Auf dem Weg war ich noch gut drauf. Ich bin immer gut drauf in den Gassen von Marrekesch. Weil es a) in der Medina wie im Mittelalter des Orients aussieht, also wie in jedem Märchen, in dem Ali Baba gleich um die Ecke biegt, und b) wie in meinem Gehirn. Das ist eine neue Theorie der Neurologie. Das Netz der Gassen und Gässchen ähnelt dem Labyrinth der Nervenbahnen und Neuronenfasern in unseren Köpfen. Unsere Gedanken eilen dort hin und her, wie unsere Füße im Basar.

Der Basar der Erkenntnis. Der Basar der Waren. In dem einen muss man richtig denken, in dem anderen richtig handeln. Letzteres kann ich nicht. Ich kann es auch nicht lernen. Es ist eine angeborene Unfähigkeit. Mir fehlt da was. Außerdem erschlägt mich die schiere Menge. Ich sitze bei Mustafa, dem Teppichhändler, in einem großen Raum mit etwa 15 Meter hohen Wänden, und an jeder sind vom Boden bis zur Decke zusammengerollte Teppiche wie Rohre gestapelt, die übereinander ausgebreiteten Exemplare ziehen sich dagegen wie Teppich-Hügellandschaften durch das Gewölbe, das irgendwo dahinter in ein Nachbargewölbe übergeht, in dem dasselbe los ist, und noch mal dasselbe gilt für den zweiten Stock. Wer soll all diese Teppiche kaufen? »Och«, sagt Mustafa, »es gibt sieben Milliarden Menschen. Und jeder braucht mindestens zwei.« Und ich hab noch nicht mal einen. Weil beim Teppichhändler in Marokko mit mir immer dasselbe passiert.

Es beginnt damit, dass ich weiß, dass ich nichts weiß. Nichts über das Material, nichts über dessen Qualität, nichts über den Preis. Und selbst wenn ich all das wüsste, nützte es mir nichts, weil ich nicht handeln kann. Doch nehmen wir einmal an, eine Zauberfee berührte mich mit ihrem Stab und ich könnte es plötzlich, was wäre dann? In diesem Fall würde die Qual der Wahl mich dahinraffen. Wenn du nur drei Karten hast, die schlechteste, die zweitschlechteste und die drittschlechteste, verlierst du auf jeden Fall. Als Nächstes verlassen mich die Kräfte. Die mentalen und emotionalen, sogar die Seelenkräfte entweichen wie aus einer aufgestöpselten Luftmatratze. Und wenn sich, zu allem Überfluss, dann auch noch die Wahrnehmung verändert und Mustafas Teppichuniversum zu einem Teppichgefängnis wird, muss ich raus. Solange es noch geht.

»Wohin?«, will Jacquelina wissen.

»Zurück ins ›Samara‹, zurück zu der letzten Stufe vor dem Nirwana«, antworte ich.

Und sie nickt, weil sie weiß, dass es jederzeit möglich ist.

Ohne Kaufzwang ist die Altstadt von Marrakesch ein Augenschmaus. Alle Häuser sind rot. Auch alle Moscheen, Tore und Stadtmauern, alle Cafés und Basargeschäfte. Wie eine Leinwand mit rotem Untergrund, auf die die Menschen mit ihren Kleidern, ihren Waren und ihrer Liebe für Dekorationen eine Orgie von Farben tupfen. Außerdem liebe ich Esel, und es gibt wahnsinnig viele Esel in Marrakesch. Auch noch viele Pferde, und überall, aus jedem Baum, von jeder Mauer, jedem Dach, zwitschern, trällern, gurren und parlieren Vögel. Schwalben in der Regel, aber auch Spatzen, Tauben und Nachtigallen, rhythmisch getragen oder unterlegt oder angefeuert von den Trommeln auf dem Djemaa el-Fna. Sie sind, vom Wind über die Dächer getragen, in der ganzen Stadt zu hören und beschleunigen die Herzen.

Floristisch ist Marrakesch die Stadt der Rosen. In der Umgebung sind die Plantagen, in der Medina die Gärten. In den Plantagen werden sie für den weltweiten Export ihrer Essenzen gezüchtet, in den Gärten wachsen sie für die Belange der Seelen und Nasen vor Ort. Aber auch wild und ungeplant sprießen Rosen überall aus den Mauerritzen, und ich habe mich oft gefragt, woher sie die Kraft dafür nehmen. Ist die Blume der Liebenden stärker als Stein und Zement? Egal, die Rosen sind in Marrakesch omnipräsent, und in den Patios, in den Gassen und auf den Plätzen liegt ihr Duft in der Luft wie ein Gratisparfüm.

Sagen wir es mal so: Wer einen Menschen, mit dem er bisher nur befreundet war, endlich auch mal küssen möchte, sollte ihn zu einer gemeinsamen Reise nach Marrakesch überreden. Wer eine Knutsch-Affäre endlich auch mal ins Bett zu kriegen gedenkt, sollte es in Marrakesch probieren. Wer einem Sexualpartner mit Bindungsängsten endlich die magischen Ringe überstreifen will, sollte sie ihm in Marrakesch präsentieren. Wer eine neue Liebe entfachen, eine alte auffrischen, eine oberflächliche vertiefen will, sollte die Liebe nach Marrakesch bringen. Auch ich hatte eine im Sinn, das fühlte Jacquelina ganz genau, denn sie ist eine Frau, und als ihr klar wurde, dass nicht sie es war, die ich erobern wollte, wurde ihre Gastfreundschaft um eine Nuance professioneller. Aber da waren wir schon in ihren Höhlen am Meer. Zweieinhalb Autostunden von der Stadt der Liebe, Triebe und Herzensdiebe entfernt.

Ich weiß nicht, ob Jacquelinas ehemalige Fischerhöhlen mal so naturbelassen aussahen wie alle anderen an diesem Strand. Dreckslöcher eher, verlassen und verwanzt, ein bisschen Pappe auf dem Boden, Stofffetzen vor den Eingängen, Hunde wohnen in ihnen. Jacquelina kaufte zwei für 5000 Euro und machte für noch mal 15 000 blitzsaubere Single-Höhlen für den qualitätsbewussten Einsiedler daraus. Gesicherte Statik, die Wände begradigt und weiß gestrichen, ein schmales Bett passt grad so rein. Es steht am Kopfende der Höhle, davor ein kleiner Schreibtisch aus schönem Holz, ein Stuhl. Die Regale für die Bücher, Kerzenlämpchen und Ziermuscheln sind aus dem Sandstein herausgearbeitete Nischen, kaum Dekoration, nur die Bettdecke ist farbenfrohes Marokko. Zwei Höhlen, fast identisch, ein Anbau für die Küche und davor die blau gekachelte Terrasse mit Blick auf den Atlantik.

Das alles ist erzromantisch, aber auch ein bisschen weit weg vom Schuss. Der Strand erstreckt sich kilometerweit zu beiden Seiten. Und er ist leer. Kein Beachlife, auch kein Fischerbetrieb, nichts. Das nächste Dörfchen ist zwei Kilometer entfernt, und es sind 50 bis Agadir. Nein, wirklich, Ruhe hat man hier. Aber wehe, wenn die Zigaretten ausgehen. Jacquelina raucht nicht, das ist schön für sie. Außerdem raucht sie kein Haschisch. Auch schön. Aber sie mag es auch nicht, wenn ihre Gäste Haschisch rauchen.

»Es ist die Kulturdroge Marokkos«, sage ich.

»Ja, aber sie ist noch immer verboten«, sagt sie.

Ich kiffe deshalb heimlich, und immer, wenn ich wieder auf Jacquelina treffe, habe ich ein schlechtes Gewissen. Das kann nicht gut gehen. Außerdem denke ich an eine Russin. Sie heißt Lara, und viel mehr weiß ich noch nicht von ihr. Das kann auch nicht gut gehen. Aber man wird sehen.

Falsche Straße, richtige Frau

Sizilien

Es ist kurz vor 23 Uhr, und wir kriegen kein Taxi. Ich glaube nicht einmal daran, dass wir eins kriegen, was nicht dazu führt, dass wir plötzlich doch eins kriegen. Nein, wir kriegen keins, denn ich versuche es erst gar nicht. Etwa 1000 Menschen brauchen eins, denn das Theater, aus dem wir alle kommen, liegt ein bisschen abseits der touristischen Infrastruktur der Stadt. Was an Taxis zu sehen ist, wurde vorbestellt, und weil keiner weiß, welches zu wem gehört, sind es immer mindestens zehn Leute, die auf jedes neu ankommende zustürmen, und das macht höflichen Menschen keinen Spaß. Es gibt eine ganze Anzahl von Situationen, in denen gutes Benehmen nicht zielführend ist. Wenn ein Schiff untergeht, das nicht genügend Rettungsboote hat, wird der Höfliche mit Sicherheit ertrinken, die Unhöflichen nur vielleicht. Bei einer Taxi-Knappheit passiert fast dasselbe, du wirst nass, wenn du gute Manieren hast. Gott sei Dank ist es ein leichter Regen, und Lara hat einen Schirm dabei.

Reflexhaft folgen wir allen, die nun zu Fuß die Straße hinuntergehen, um entweder zu ihrem Auto oder zu einem öffentlichen Verkehrsmittel zu gelangen. Die Straße ist stark befahren, deshalb bleiben alle auf dem schmalen Bürgersteig, und ich erlebe das Glück der Schlange. In einer Schlangenformation unterwegs zu sein bedeutet Planungssicherheit für die jeweils nächsten Schritte, es sei denn, man ist mit Lemmingen unterwegs. Sind wir aber nicht. Wir bewegen uns nicht auf den Abgrund zu, sondern zur nächsten U-Bahn-Station. Jedenfalls nehme ich das an. Alles in allem finde ich es nicht so schlimm, kein Taxi vorbestellt zu haben, nur ein bisschen bescheuert. Und der Regen lässt auch nach. Trotzdem brauchen wir satte 15 bis 20 Minuten bis zu der großen Kreuzung, an der die Schlange nach rechts abbiegt.

»Lass uns weiter geradeaus gehen«, sagt Lara.

»Warum denn das?«

»Wir müssen unseren Weg gehen. Nicht ihren. Und unser Weg führt erst bei der nächsten Kreuzung nach rechts.«

Unser Weg ist die Route des Taxis, mit dem wir vor drei Stunden zu dem Theater gefahren sind. Wir gehen auf ihr zurück, in der Hoffnung, bald einen der belebten Plätze zu erreichen, über die wir gekommen sind. Dort wird es alles Mögliche geben, auch Taxistände, oder Lokale, aus denen man Taxis rufen kann. Und wenn Lara meint, wir müssen dafür noch eine Kreuzung weitergehen, dann sollte ich darauf hören, denn mein Orientierungssinn ist schwach. Ich habe als Abfallprodukt einer überhöhten Sensibilität zwar eine gute Antenne für Gefahr, aber als Navi funktioniert sie nicht. Der Weg bis zur nächsten großen Kreuzung ist nicht kürzer als der Weg bis zur ersten, aber nun gehen wir ihn allein. Eine unsympathische, große Straße kurz vor Mitternacht, auf der die Scheinwerfer der vorbeirasenden Autos keinen Trost spenden, eher das Gegenteil.

Eine peinliche Befragung meiner selbst hebt an. Warum ist unser Auto nicht bei uns? Weil ich es klüger fand, den Wagen auf dem schönen Hotelparkplatz in Mondello stehen zu lassen und stattdessen ein Taxi zum Theater zu nehmen. Aber ist es klug, den Hinweg bequem und den Rückweg beschwerlich zu gestalten? Vielleicht sogar gefährlich? Was hier im Dunkeln am Straßenrand passiert, bekommen die Autofahrer gar nicht mit. Dafür sind sie zu schnell, und der Regen, auch wenn er schwach ist, fasert an den Rändern des Blickfelds ihre Sicht auf mögliche Räuber und Beraubte ins Diffuse aus. Und ich habe nichts dabei, auf das ich leichten Herzens verzichten könnte. Reisepass, Kreditkarten, 800 Euro in bar. Wofür sind eigentlich Hotelsafes da? Für die Socken? Wenn ich ehrlich bin, ist die Antwort: ja. Für die Socken. Man kann Hotelsafes nicht trauen. Ich bin nicht paranoid. Ich bin erfahren. Dreimal, in Mumbay, Istanbul und Berlin, vergaß ich meine Zahlenkombination für den Zimmersafe, und jedes Mal hat ein Hotelmitarbeiter ihn für mich mit einem geheimen Code geöffnet. Wenn sie das in meiner Gegenwart können, dann können sie es auch allein. Es ist deshalb kein Fehler, alle Wertsachen am Körper zu tragen, aber es ist ein Fehler, damit nachts durch Palermo spazieren zu gehen. Ich bin also wieder in der Wiege des Verbrechens, komme wieder aus einem Theater und mache wieder Fehler. Aber ich mache sie nicht mehr allein.

Laras Gang ist dem meinen sehr ähnlich. Das macht vieles leichter. Ich kann nicht mit Frauen, die wie ein nervendes Kind hinter mir hertrödeln, und ob das auch für Frauen gilt, die schneller sind als ich, weiß ich nicht, denn ich war bisher immer der Schnellste. Der Gleichklang der Schritte ist ein wesentliches Merkmal einer guten Beziehung. Man geht, wie man sich fühlt. Wer sich wegen einer schleppenden Begleitung einbremsen muss, erlebt das wie eine Gefühlsblockade, und wer ständig jemandem hinterherhetzen muss, atmet nicht mehr rund. Vielleicht suchen sich deshalb große Menschen große und kleine Menschen kleine Gefährten für den Weg durch das Leben und den Lebensabschnitt. Unbewusst. Es läuft so vieles unbewusst. Wenn ich das, was ich weiß, mit dem vergleiche, was ich nicht weiß, dann sehe ich einen Fingerhut und den höchsten Berg der Welt. Aber immerhin weiß ich, dass ich mir jetzt keine Gedanken mehr über unsere Sicherheit machen muss, weil es dafür zu spät ist; egal, was passiert oder nicht passiert, sie ändern nichts mehr und sind deshalb überflüssig. Die Ängste, die diese Gedanken produzieren, sind ebenfalls überflüssig. Ängste sind wertvoll, solange sie früh genug zur Vorsicht und Umsicht mahnen, aber wenn es dafür zu spät ist, stören sie nur. Glücklich ist, wer sich nicht in die Hose pisst, wenn nichts mehr zu ändern ist. Wir gehen auf der falschen Straße zur falschen Zeit durch die falsche Stadt, und die einzige Entscheidung, die mir bleibt, ist, ob ich dabei gut drauf sein will oder nicht. Außerdem sagt mir mein Fingerhut Wissen, dass es zwei Arten von Frauen gibt. Die einen muss ich beschützen, die anderen beschützen mich.

»Woran denkst du?«, will Lara wissen.

»An dich.«

»Wirklich?«

»Ja.«

»Und was denkst du über mich?«

»Dass du die richtige Frau an meiner Seite bist.«

Apropos richtig. Als wir die zweite große Kreuzung erreichen, unterscheidet sie sich für mich in nichts von der ersten. Ich weiß nicht, ob es die richtige oder die falsche ist, um hier nach rechts abzubiegen. Aber Lara weiß es.

»Es ist die falsche. Die erste war doch richtig.«

Guter Wolf – Böser Wolf

Palermo

Nur eine Uferpromenade trennt in Mondello die Trance einer mediterranen Bilderbuchbucht von der Energie Palermos. Sonnenschirme, warmer Sand und ein sympathischer Hafen für kleine Boote auf der einen Straßenseite, und auf der anderen Restaurants, Cafés, Cocktailbars und italienischer Verkehr auf schmalen Straßen. Vom Badetuch bis zum ewigen Dorfplatz geht man in 50 Schritten. Und noch mal ein paar Schritte weiter verhindern subtropische Hecken den Blick in die privaten Gärten der Jugendstilvillen aus den Kindertagen des 20. Jahrhunderts. Auch schön: wenig ausländische Touristen. In Mondello geht eigentlich nur Palermo baden, das ermöglicht das Studium original sizilianischer Sitten. Lärmende Großfamilien mit gut frisierten Kindern, überbordendes Testosteron auf kleinen Motorrädern, Dolce Vita an gefühlt 1000 Gelati-Ständen. Vorsicht: Eine Kugel Erdbeereis ist in Sizilien so groß wie drei bei uns. Vor anderen Kugeln muss man sich nicht fürchten. Die Mafia ist unsichtbar für Touristen. Auch Gangster packen, wie das kleine Schwesterlein, nur die Badehose ein, wenn sie Urlaub machen. Trotzdem flippt Lara langsam aus.

Wir sitzen vor unserem kleinen Lieblingslokal. Es ist kurz vor Mitternacht, und Mondello ist voll mit Menschen, die noch nicht ins Bett wollen. Von allen Seiten flirrt Musik heran, und es wäre ein Leichtes, das rotweingeschwängerte Blut mit dem Meer der Stimmen zu vermischen. Saturday

Night Fever ist keine Malaria. Das kann man schon mal machen. Aber ich habe das Hörgerät für mein rechtes Ohr entweder verlegt oder verloren und höre nur die Hälfte, was nicht heißt, dass ich vorher zu 100 Prozent hörfähig gewesen wäre. Mit beiden Geräten komme ich auf etwa 60 Prozent. Nur davon höre ich jetzt noch die Hälfte. Und das ist nicht witzig, weder für Lara noch für mich. Sie muss laut werden, und ich verwechsle das mit Aggression. Vielleicht ist es Aggression. Sie hat kein Mitleid mit einer Schwerhörigkeit, die das Resultat von schwerer Unbewusstheit ist. Wer irgendwo sein Ohr liegen lässt, hat Ohrfeigen verdient, keine Empathie.

Lara ist Russin. Sie verteilt ganz gern Ohrfeigen. Hin und wieder passt das, weil es den Orgasmus verzögert, aber hier passt es grad nicht. Wir streiten uns noch nicht, aber wir sind bereit dazu, und bei diesem Stand der Dinge kommt zufällig eine weibliche Führungskraft unseres Hotels des Weges. Sie ist blond. Sie sagt »buonasera«, ich sage »buonasera«, und dann sagt sie noch irgendwas, und ich sage auch noch irgendwas, und nachdem sie weitergegangen ist, schauen mich aus Laras Augen Fragezeichen an.

»Deine Eifersucht ist Old School«, sage ich. »Wäre ich ein Russe, könnte ich damit umgehen.«

»Nein, das stimmt nicht.«

Ab sofort, das ist mir klar, stimmt nichts mehr, was ich sage.

»Und gibst du eigentlich jeder Frau deine E-Mail-Adresse?«

»Nein.«

»Wirklich nicht?«

Ich bin übrigens immer noch der Meinung, dass ein Russe mit der Eifersucht einer Russin besser umgehen kann als ein Bürger aus Multikultistan. Bei uns hat man entweder für jeden Scheiß Verständnis, oder man versteht gar nichts, und ich tendiere gerade zur zweiten Möglichkeit. »Täubchen«, sage ich, aber komme damit nicht weiter. Es ist grad nicht die Zeit für Kosenamen. Eigentlich ist es die Zeit für gar nichts. Non è successo niente. Nichts ist passiert. Nicht mal im Ansatz. Und natürlich gebe ich nicht jeder Frau meine E-Mail-Adresse, aber jeder, die mir mein Hörgerät nachschicken könnte.

»Das kann ihr Kollege auch. Warum gibst du nicht ihm deine Mailadresse? Weil er keine Frau ist?«

»Er ist nicht so professionell wie sie.«

»Das stimmt nicht.«

Alle schwarzhaarigen Frauen hassen Blondinen. Wenn sie ehrlich sind, geben sie das zu. Sind sie noch ehrlicher, sprechen sie von Neid. Sie halten Blond für grundsätzlich attraktiver als dunkle Haarfarben, was offenkundig nicht stimmt.

Meine Traumfrau zum Beispiel war, ist und wird immer schwarzhaarig sein. Je schwärzer, desto besser, blauschwarz, wenn's geht, denn blond bin ich selbst. Das Gegensätzliche ist exotisch und damit erotisch. Aber Lara beruhigt das weniger, als man glauben sollte. Der Kalte Krieg gegen Blond steckt so tief in ihr wie ein Instinkt.

»Und warum hat sie eigentlich nur mit dir geredet?«

»Weil sie weder Deutsch noch Russisch spricht. Und du kannst kein Englisch.«

»Aber sie.«

»Sogar sehr gut.«

»Ich weiß, du hast sie ja genug dafür gelobt.«

»Woher willst du das wissen? Ich denke, du verstehst kein Englisch.«

»Dafür reicht es.«

Sie verzieht ihr Gesicht zu einer Grimasse, die den flirtenden Trottel dokumentiert.

»Your English is very gooooooood.«

»So habe ich das nicht gesagt.«

»Das stimmt nicht.«

Pause. Aber nur kurz.

»Entspannt dich das?«, fragt sie.

»Was?«

»Dass ich nicht verstehen kann, was du mit anderen Frauen sprichst.«

»Sehe ich etwa entspannt aus?«

Die Zeit, um sich zu fragen, welchen Wolf man nun zu füttern gedenkt, ist angebrochen. Ein Inder hat uns die Geschichte in Palermo erzählt, aber ich glaube nicht, dass es eine indische Geschichte ist, eher eine indianische. Ein Junge geht zu seinem Häuptling, weil er eine Frage hat. Er will wissen, warum Menschen manchmal Gutes tun und manchmal Böses. Dieselben Menschen. Das versteht der Kleine nicht. Und der Häuptling spricht:

»Jeder Mensch hat zwei Wölfe in sich. Einen guten und einen bösen. Und sie kämpfen ständig um die Herrschaft über dich.«

»Ach so«, sagt der Junge, »alles klar. Und wer gewinnt?«

»Der, den du fütterst.«

Wen füttere ich mit Rechthaberei? Wohin bringt es uns, wenn ich darauf poche, dass ich ein Reiseprofi bin, der zu fähigen Hotelrezeptionisten grundsätzlich freundlich ist? Das sind die Wichtigsten, und ihr Spielraum ist ziemlich groß. Ein Hotel ist das Zuhause unterwegs, und der Rezeptionist ist der Hausmeister, und ob der locker drauf ist oder den Blockwart gibt, macht durchaus einen Unterschied. Sie können dir gute oder schlechte Zimmer geben, teure oder faire, mit late Check-out oder Rausschmiss um Punkt zwölf oder elf oder zehn, alles schon vorgekommen, alles schon durchlitten, mit oder ohne Kater, aber immer ohne Frühstück. Fähige Rezeptionisten sind zu allem fähig, und es gehört deshalb zu den Selbstverständlichkeiten eines Nomadenlebens, mit ihnen ein gutes Verhältnis aufzubauen, und dass mir dabei die Blondine mehrmals vertraulich die Hand auf die Schulter legte, ist ihr Problem. Ich habe sie jedenfalls nirgendwo angefasst. Glaub mir, Lara, ich habe in 1000 Städten in 1000 Hotels in 1000 Betten gelegen, ich kenne mich aus. Aber du dich nicht. Das ist wunderbar, ich zeige dir gern die Welt. Aber lass mich tun, was ich tun muss, und red keinen Stuss.

Soll ich so mit ihr reden? Soll ich uns wirklich beide dem bösen Wolf zum Fraß vorwerfen? Oder lieber doch noch einen Rotwein bestellen, obwohl er Lara nicht bekommt? Sie verträgt Champagner, Wodka, Whiskey und Gin, Rotwein leider nicht. Aber der sizilianische Rotwein ist der beste auf der Welt, jedenfalls der beste von allen, die ich getrunken habe, und das in allen Klassen. Selbst die Rotweine der Armen spuckt man nicht aus. Während des Sizilienurlaubs keinen Rotwein zu trinken ist blöd, und weil wir nicht blöd sind, ignorieren wir alle bis dahin gemachten Erfahrungen ein weiteres Mal und ordern die nächste Karaffe.

Weiß eigentlich jemand, wie böse der böse Wolf werden kann? Und weiß man auch, ob der russische böse Wolf böser ist als der böse deutsche? Wenn Lara »auf die Palme geht«, wie sie es zu nennen pflegt, wird aus meinem Täubchen eine MiG mit allem Drum und Dran. Der Ton macht die Musik, und jeder dieser Tontorpedos, jede Wutbombe, jeder Wörterhagel aus dem Bordmaschinengewehr trifft meinen Bauch und setzt ihn in Flammen. So hatte ich das bisher noch nie erlebt, aber ich war ja auch vor ihr noch nie mit einer Russin zusammen. Und was meinen bösen Wolf angeht: Er ist nicht so grausam wie ihrer, aber verschlagener. Er scheut den offenen Kampf. Er will erst Ruhe bewahren und dann den geordneten Rückzug antreten. Er streitet sich nicht, er trennt sich innerlich.

Die Liebe ist zu schön, um sie dem bösen Wolf zum Fraß vorzuwerfen, nur damit man sich wieder nach ihr sehnen darf. Ich beginne deshalb, zu überlegen, wie ich stattdessen den guten Wolf füttern kann. Wann und wie und wo und womit, und, ehrlich gesagt, ich überlege nicht lange. Es fällt mir quasi sofort ein. Ich schlage vor, ins Hotel zurückzugehen, und Lara sagt nicht Nein, aber »nur mit dem Wein«. In der Karaffe? Warum nicht? Weil der Kellner da nicht mitmachen wird. Aber er macht mit. Stichwort: Transformer. Vom Täubchen zur MiG, von der MiG zum geilen Geschoss. Das ist einer ihrer Trümpfe. Lara braucht sich nur von einem Tisch zu erheben, um die Russin von Kopf bis Fuß zu präsentieren, und jeder Kellner gibt ihr mehr oder weniger sofort, was sie will. Auch jeder Lastwagenfahrer.

Wir hatten das Thema erst vor drei Tagen. 20 Kilometer vor Palermo machte uns auf der Autobahn ein Reifen schlapp. Der Pannenstreifen war schmaler als in Deutschland, die Lastwagen bretterten in Armlänge vorbei, es wurde dunkel, und ich hatte noch nie zuvor eine Reifenpanne gehabt. Ich wusste nicht, was man da macht. Ich wusste nicht einmal, wo der Wagenheber ist. Der Schraubenschlüssel. Das Warnkreuz. Lara wusste alles. Sie wurde auf russischen Straßen automobilisiert. Sie hielt meine Arme fest, als ich mich vor dem Kofferraum wie ein altes Weib zu benehmen begann. »Du hast Panik«, sagte sie. »Das ist nicht gut. Du kommst jetzt auf der Stelle runter und machst genau, was ich sage. Und als Erstes rauchen wir mal eine.«

Es funktionierte tatsächlich. Bei der ersten Zigarette sah ich ein Schild, auf dem »Stazione di servizio 500 metri« stand. Wir warfen alles, was ich aus dem Kofferraum herausgerissen hatte, wieder zurück, stiegen ein und humpelten mit dem schlappen linken Vorderreifen zur Tankstelle. Während der zweiten Zigarette standen wir bereits auf einem sicheren Parkplatz, und Lara spulte den Reifenwechsel professionell ab. Kurz vor der dritten Zigarette stellte sich heraus, dass die letzte Schraube, die ich lösen musste, festgerostet war. So fest wie geschweißt. »Wart mal 'nen Moment«, sagte Lara und verschwand hinter einem Lastwagen. Es dauerte wirklich nur einen Moment, bis sie mit dem Fahrer wieder auftauchte. Er löste die Schraube mit Lastwagenwerkzeug, er wechselte die Reifen, er zog die Schrauben wieder an, und wenn Lara ihn gebeten hätte, auch noch das Öl zu wechseln und den Wagen zu waschen, dann hätte der Lastwagenfahrer auch das gemacht. Allein die Erinnerung daran ist ein leckerer Happen für meinen guten Wolf. Ich schnappe die Karaffe mit dem leichten sizilianischen Landwein, und wir ziehen los. Wir haben es nicht weit, und bevor mir der Blick dafür genommen wird, schaue ich noch mal aufs Meer, denn dort grüßen die Lichter der Bucht grad die Sterne.

Unser Hotel in Mondello ist klein und einfach, aber die Einfachheit wirkt hier nicht wie ein Mangel, sondern wie ein auf das Wesentliche reduzierter panmediterraner Stil. Eher griechisch als italienisch, was niemanden wundern muss, denn die Griechen waren lange vor den Römern auf Sizilien. Kalkweiße Wände und blaues Holz, aber leider geht die blaue Tür in unserem Nichtraucherzimmer, wie auch unser blaues Fenster, direkt zur Straße auf. Eine kleine Straße, eigentlich nur eine Gasse, aber sie ist das Nadelöhr für den Durchgangsverkehr, der vom Ende der Bucht wieder nach Palermo zurückfließen muss. Dabei macht er einen kleinen Bogen durch den Kern des ehemaligen Fischerdorfes, und in diesem kleinen Bogen liegt unser Hotel und das offene Fenster, an dem Lara steht, um zu rauchen. In der einen Hand die Zigarette, in der anderen das Glas mit dem sizilianischen Rotwein, schaut sie auf das Stop-and-go von Mofas, Mopeds und Motorrollern, von kleinen Fiats und Porsche Cayennes, und weil alle Italiener in der lauen sizilianischen Sommernacht mit offenen Fenstern fahren, hören wir nicht nur ihre Motoren, sondern auch ihr Lachen, ihr Schimpfen und ihre bekloppte Lieblingsmusik, überwiegend basslastigen Techno. »Bumm-bumm, brüll, hahaha« würde man dazu in Comics schreiben, aber »grummel, grummel«, was Lara angeht. Das ist normal. Man kommt immer schneller die Palme hoch als wieder runter, aber dass ich eben mein Hörgerät wiedergefunden habe, nicht in unserem Zimmer, sondern irgendwo am Körper, bremst ihr Runterkommen zusätzlich aus. Was sie nervt, ist diese totale Überflüssigkeit. Der ganze Scheiß war überflüssig. Die Blondine, die E-Mail-Adresse, der kleine Streit mit dem großen Potenzial. Oder war es, auch das ist möglich, nur ein mieser kleiner Männertrick? Hatte ich unauffällig das Gerät aus dem Ohr genommen, als ich die Blondine in Richtung unseres Tisches antraben sah, um einen Grund zu haben, mit ihr über die Brücke im Internet zu gehen? Will ich sie verarschen, bin ich nur blöd, und bin ich überhaupt der Richtige? Ich glaube, das ist es, worüber Lara gerade nachdenkt, während sie halb nackt vor dem Fenster steht. Sie hat ihre Jeans ausgezogen, aber ihr T-Shirt angelassen. Das Fenster beginnt ab Höhe ihres Bauchnabels, von der Straße sieht man ihr Agent-Provocateur-Höschen und ihre Beine nicht. Aber ich. Und auch, wie sie sich jetzt auf die Zehenspitzen stellt, um sich noch weiter aus dem Fenster zu beugen, präsentiert sich mir aus einer privilegierten Sicht. Warum macht sie das? Weil es warm ist? Weil sie Luft braucht? Weil man sich immer so geil nach vorne beugt, wenn man an einem offenen Fenster steht? Oder denkt auch sie gerade an die Geschichte, die uns in Palermo erzählt wurde?

Ich stelle mich hinter sie. Das ist keine gute Idee. Wir sind im Erdgeschoss und stehen am Fenster in Augenhöhe mit Mondellos Nachtverkehr. So kann jeder sehen, was wir machen, wenn wir es machen. Ich bin alles Mögliche, aber kein Exhibitionist. Deshalb gehe ich runter, werde unsichtbar und besorge es ihrem guten Wolf mit der Nase. Wie erwartet verläuft der nächste Tag dann extrem harmonisch.

Wir brauchen einen neuen Reifen. Im Internet finde ich die Adresse des größten Mercedes-Vertragshändlers. Ich gebe sie in das Navi ein. Das Leben kann so einfach sein. Das Navi führt uns aus der Bucht von Mondello heraus und wieder durch den Pinienwald. Zurück in die Großstadt.

Der Verkehr in Palermo genießt einen legendären Ruf. Sie fahren wie die wilden Säue und verachten dich, wenn du da nicht mitmachst. Aber mich kümmert ihre Verachtung nicht. Und ich brauche auch ihren Respekt nicht. Ich fahre wie ein berechenbares Verkehrshindernis mit Schweizer Kennzeichen und komme damit durch. Bei Mercedes übernimmt wieder Lara. Sie geht rein, sie kommt wieder raus, sie hat in der Werkstatt einen netten kleinen Italiener kennengelernt, der fließend Deutsch spricht und uns nicht nur für 100 Euro einen neuen Reifen verkauft, sondern auch gratis Motoröl, Kühlwasser, Bremse und Lenkung überprüft, und ich glaube, am Gas hat er auch was gemacht, denn als wir aus der Werkstatt wieder herausrollen, zieht der Benz spürbar schneller an.

Es ist gut, wenn der Mensch jeden Tag irgendetwas zum ersten Mal tut. Ich schaffe das nicht immer, manchmal auch ein ganzes Jahr nicht, aber heute schon. Nachdem wir in einem Hotel am Hafen eingecheckt haben, probiere ich die wortwörtliche Auslegung des Drei-Gänge-Menüs. Es ist kein Plan, es passiert einfach. Lara findet an der Hotelrezeption den Flyer eines Restaurants, das ein in Sizilien seltenes Kartoffelgericht anbietet. Da will sie hin. Ich bin eigentlich dagegen, weil in Lokalen, die von großen Mittelklassehotels empfohlen werden, zu viele Touristen sind, aber auch ich liebe Kartoffeln.

Wir gehen zu Fuß zunächst die Via Lincoln in Richtung Hauptbahnhof, und Lara gefällt Palermo nicht. Zu schmutzig, zu geruchsintensiv, zu unsicher. »Mafia und Müll sind einfach nicht jedermanns Sache«, sage ich. »Lass es uns positiv sehen und schneller gehen. Das regt den Appetit an.« Am Bahnhof biegen wir in die Via Roma ab, und sofort wird es sauberer und heller. Jetzt gefällt mir Palermo nicht. Um an Joop und Swarovski vorbeizumarschieren, muss niemand bis nach Sizilien fahren. Aber ich weiß, dass wir von der Via Roma nur nach links zu gehen brauchen, und schon werden wir ein urbanes Schmuckkästchen betreten. Kleine Plätze, große Plätze, Kathedralen, Brunnen, Paläste und vor allem: ein Labyrinth von Gassen, in denen sich abends die halbe Stadt trifft, um nicht allein zu speisen. An wackeligen Tischen auf engen Gassen, durch die das Leben wie auf einem Laufsteg vorbeizieht, werden quasi vor jedem Haus die großen Ps der italienischen Küche serviert. Pasta, Pesto, Pizza, Parmesan, Pomodori, aber uns ist ja nach Patate. Und das Restaurant, dem wir zustreben, liegt leider nicht links von der Via Roma, sondern rechts von ihr, in einem anderen Viertel. Auch schön, aber längst nicht so lebendig wie das von mir favorisierte. Ich würd's dem Täubchen so gerne zeigen, um ihm eine Freude zu machen, aber es freut sich weiterhin nur auf das anvisierte Kartoffelgericht, und das macht mich ein bisschen ärgerlich, gleichzeitig wundere ich mich über diese negative Emotion. Wenn ich ihr eine Freude machen will, sollte ich das machen, worauf sie sich freut. Aber vielleicht freut sie sich auf das Falsche. Sie kennt Palermo nicht. Man sagt, manche Täubchen muss man zu ihrem Glück zwingen, aber dafür (altes Thema) bin ich nicht Russe genug. Ich suche nach einem Königsweg.

Das Drei-Gänge-Menü.

Die Vorspeise nehmen wir im Angesicht uralter Steine, was in Palermo auch schon mal heißen kann, älter als 2000 Jahre, aber ich tippe auf fünf, sechs Jahrhunderte. Wunderschönes Haus. Gotteshaus, nehme ich an. Wir sind bereits linksseitig der Via Roma, aber noch nicht da, wo ich sie hinhaben will. Es geht uns auch mehr ums Sitzen. Wir haben müde Beine und essen Suppe. Meine Ahnung bestätigt sich. Es ist ein Gotteshaus. Die Tür geht auf, und eine Hochzeitsgesellschaft quillt heraus. Überall auf der Welt macht man sich für Trauungen schön, aber nirgendwo so konsequent, stilsicher und ohne Cross-Dressing-Fisimatenten wie in Italien. Die Frauen sehen aus wie von einem Gott geschminkt, dem es leidtut, dass er sie hier und da gestraft hat. Make-up ist sein Gnadenakt.

Nach der Suppe und dem Augenschmaus führe ich Lara durch das Viertel, von dem ich hoffe, dass es sie von den Kartoffeln ablenken wird. Es ist wirklich toll. Und voll. Viel voller, als ich es in Erinnerung habe. Auch jünger: Altersdurchschnitt unter 30. Alle essen, alle trinken und: alle lachen. Das wird nicht stimmen, aber es kommt mir so vor. Wenn das Lachen wie ein Vogel aus dem Mund davonfliegen kann, dann haben wir es hier mit Schwärmen der Heiterkeit zu tun. Gute Stimmung, vitalisierende Schwingung, und endlich auch Düfte statt Gerüche. Gastronomie total. Überall. Das Quartier wirkt wie ein einziges Open-Air-Straßenrestaurant. Und beinahe hätte es geklappt. Lara spürt, wie gern ich mich jetzt hier niederlassen würde, und sucht deshalb auf einer ausliegenden Speisekarte nach dem Kartoffelgericht. Doch die Stichprobe verläuft negativ.

Das Hauptgericht wird uns deshalb wie geplant rechts der Via Roma serviert. In dem von unserem Hotel empfohlenen Restaurant werden meine Befürchtungen wahr. Hier sind nur Leute, die ich nicht sehen mag. Das ist nicht persönlich gemeint. Ich bin ja selbst ein Tourist. Aber ich suche meinesgleichen auf einer Reise nicht. Zu viele von uns auf einem Haufen entfremden mir das Fremde in jedem noch so fremden Land. Schuld haben die Reiseführer, auch die, die uns »abseits der ausgetretenen Touristenpfade« führen. Das ist wie beim Stau. Werden Ausweichrouten empfohlen, sind auch die sofort wieder voll. Großartiges Kartoffelgericht übrigens. Dazu trinken wir das erste Glas Rotwein des Abends. Und das zweite. Dann brechen wir auf zur Nachspeise.

Zurück in meinem Lieblingsviertel, bestellen wir endlich in einer Gasse meiner Träume einen typisch sizilianischen Kuchen, der uns aber nicht sonderlich schmeckt. Das dritte Glas Wein hilft darüber weg, das vierte macht Lust auf einen Averna, der macht Lust auf den nächsten Averna, aber nicht hier, den trinken wir auf dem Rückweg zum Hotel. Ein kleiner Platz, ein Rund von Musikkneipen, heavy-metal-orientiert. Mittlerweile ist es nach Mitternacht. Und der Platz schon weitgehend leer. Nur ein paar Schatten von Sex & Drugs & Rock'n'Roll lehnen hier und da an der Wand vor einem Lokal, und der Averna ist der schlechteste meines Lebens. Weil den Barkeeper deshalb Gewissensbisse plagen, hat er unsere Gläser übervoll gemacht. Wir verirren uns dann ein bisschen, was in der Altstadt von Palermo ohnehin schon nicht so schwierig ist, aber so betrunken, wie wir inzwischen sind, ist es ein Klacks. Lara ist auf High Heels unterwegs. 13 Zentimeter Absätze ohne Schalldämpfer. Darüber hinaus ist auf dieser wie ausgestorben wirkenden Gasse nicht viel zu hören. Kein Problem. Gott ist mit den Betrunkenen. Und Gott weiß, wo es noch mehr zu trinken gibt.

Als wäre sie vom Himmel gefallen, ist da plötzlich eine Bar. Mit einem Haufen Menschen davor. Und Musik. Livemusik. Ein Mann, eine Gitarre. Also eine ehrliche Sache. Er spielt tatsächlich »Another Brick In The Wall«. Wir bleiben stehen, und ich fühle die Kraft. Hier ist das, was ich den ganzen Abend gesucht habe. Nicht nur die richtige Bar, die richtigen Gäste, die richtige Stimmung. Auch der richtige Moment. Unser Moment. Den wir uns verdient haben. Die Party am Ende des Königswegs.

»Wie wäre es mit einem Getränk, Täubchen?«

»Ich habe gerade auch so gedacht.«

Schön, wenn beide dasselbe wollen. Unschön, wenn das Geld dafür knapp wird. Ich weiß es schon seit dem letzten Averna. Ich habe nur noch drei Euro dabei. Alles andere ist im Hotelsafe, auch die Kreditkarten. Das ist schlau. Ich wollte den Fehler von neulich Nacht nicht wiederholen. Und hab einen anderen gemacht. Zu wenig Geld mitzunehmen ist so falsch wie zu viel. Und dann finde ich in irgendeiner meiner Taschen einen vergessenen Schein. 20 Schweizer Franken. War das jetzt auch Gott? Und gleich noch mal er: Sie haben Havana Club. Den siebenjährigen! Das ist unser Lieblingsrum. Mehr noch, es ist unser liebstes alkoholisches Getränk. Wir kriegen, was wir brauchen, und nehmen alles mit vor die Tür. Drinnen sind eh nur der Barkeeper und der Chef, ein sehr guter Chef übrigens. Ich fragte ihn, ob ich zwei Rum und eine Cola für die Franken kriege, und er sagte Ja. Dann bat ich den Barkeeper, uns zwei Doppelte einzuschenken, und der Chef sagte nicht »nein, so war das nicht abgemacht«, sondern lachte und sagte »du weißt, wie es geht«. Er ist der erste Sizilianer, bei dem ich automatisch »Mafia« denke, und als er sieht, dass wir uns draußen nicht zu den anderen Gästen an die Tische setzen wollen, kommt sofort, und wie aus dem Nichts, ein Stehtisch angerollt. Der Ober dreht ihn so schnell wie ein Frisbee. Besser geht's nicht. Nur Profis hier, und Stehen ist wichtig, weil der Rum musikalisch wirkt. Endlich tanzen wir.

Nur die Party, die vom Himmel fällt, zählt. Das spontane Abfeiern des Hier und Jetzt. Egal, wann, und egal, wo es passiert, es fühlt sich immer wie dieselbe Veranstaltung an. Die ewige Party, der göttliche Rausch, das besoffene Glück zwischen Mann und Frau. Unter den Sternen des Südens, in einer sizilianischen Nacht, heizen wir irgendwo in Palermo einen Sänger an. Livemusiker sind immer nur so gut wie ihr Publikum. Jetzt wird er besser. Er hat die Kraft wie einen Ball aufgefangen und wirft ihn als Rock 'n'Roll zurück. Die anderen machen mit, die Sitzenden stehen auf, die Gasse tanzt.

»Das ist Urlaub, Täubchen, nur das!«

Täubchen trägt heute ein zwar langes, aber sich körpergleich an ihre Haut anschmiegendes Kleid. Das zieht nicht nur meine Blicke an. Zwei Männer ohne Frauen verlassen ihren Tisch und kommen zu uns rüber. Eine Glatze, ein Langhaariger, beide um die 40, beide gepflegt, kräftig und voll im Saft. Kurzes Hallo und »where do you come from?«, und als sich herausstellt, dass sie Österreicher sind und Täubchen ebenfalls aus Österreich kommt, haben sie natürlich leichtes Spiel. Sie hätten es auch ohne den Heimvorteil gehabt, denn sie geben uns zwei weitere Rum aus, was dringend geboten ist, unsere Gläser sind mittlerweile leer. Und sie haben noch Zigaretten. Ich nicht mehr. Ich rauche bereits seit geraumer Zeit die Vogue Lila von Lara. Aber sie sind mir zu leicht. Und werden zudem nicht mehr lange reichen. Der Langhaarige hat sich zu meinem Täubchen gesellt, der Glatzkopf steht bei mir. Er erzählt mir, dass sie eine Motorradreise machen und Kokain mögen, und ich sage, dass ich glücklicherweise nicht eifersüchtig bin. Die Glatze schaut mit mir zur anderen Seite des Tisches und versteht den Zusammenhang. Dort unterhält man sich blendend. Sie reden, sie lachen, sie stoßen mit ihren Gläsern an. Ich weiß, warum. Wenn ich ihr Typ bin, dann ist er es auch.

Nur 20 Jahre jünger. So groß wie ich, so blond wie ich und so schlank, wie ich es mal war. Und er fährt keine Rentnerkarre, sondern Harley Davidson. Trotzdem stimmt, was ich der Glatze versicherte. Ich bin nicht eifersüchtig. Ich bin mir ihrer sicher. Die Glatze redet weiter. Sie hätten auch erstklassiges Marihuana. Wo? In ihrem Hotel. Welch ein Glück. Nach 50 Jahren Dauerkiffen lebe ich seit sechs Monaten THC-abstinent und bin super damit gefahren. Jetzt würde ich sofort wieder anfangen zu kiffen, wenn er das Gras dabeihätte. Die Glatze reagiert darauf ein bisschen irritiert. Er fragt mich, warum ich aufgehört habe, aber ich weiß es gerade selbst nicht. Es ist einfach die klassische Rückfallsituation.

Ich wende mich dem Täubchen zu. Ich fasse sie am Arm. Ich will sie nur darum bitten, ihren Gesprächspartner um eine Zigarette für mich anzuschnorren. »Hör mal, Lara …«, sage ich, und zu mehr komme ich nicht, denn sobald sie meinen Griff auf ihrem Arm spürt, schüttelt sie ihn ab und sagt mehrmals »nein«, dann wedelt sie mich als Ganzes mit ihrer Hand weg und wendet sich wieder dem anderen zu.

Das ist normalerweise peinlich. Aber mir ist es egal. Mir tut es nur um die Zigarette leid. Wirklich? Wie besoffen bin ich eigentlich? Ich spüre, wie die Nacht kippt.

»Seid ihr eigentlich in einer Beziehung?«, fragt die Glatze, und endlich begreife ich ihr Spiel. Einer lenkt – um nicht zu sagen, drängt – mich ab, damit der andere mir ungestört die Frau ausspannen kann. »Ja«, sage ich, »seit einem halben Jahr. Und was ist mit euch? Seid ihr auch ein Liebespaar?« Man kann das witzig finden, muss es aber nicht. Die beiden verschwinden so plötzlich, wie sie gekommen sind. Mir ist, als hätten sie etwas mitgenommen. Den guten Wolf? Er ist nicht mehr da. Nur noch der böse.

Auch der Musiker hat es drangegeben. Die Party ist zu Ende. Die Österreicher sind die Gasse nach links hinuntergegangen, ich führe Lara in die entgegengesetzte Richtung, aber ich führe sie nicht lange. Mein böser Wolf springt sie von der Seite an.

»Wenn ich so mit der Blondine in Mondello geredet hätte wie du mit dem Typen eben, dann wäre ich jetzt möglicherweise nicht mehr am Leben.«

Die Worte sind das eine, der Tonfall das andere, die Lautstärke das dritte, aber das Wichtigste ist die Motivation. Will man Kommunikation oder K.o.? Sucht man Spaß oder Streit? Und was ist, wenn aus dem Streit ein Krieg wird? Ist man auch dafür bereit? Dann ist man ein Beziehungs-Samurai. Oder eine Beziehungs-Yakuza? Der gute oder der böse Krieger.

Ich bin normalerweise keiner von beiden, aber nach vier Vierteln sizilianischem Landwein, zwei Averna und vier doppelten Havana Club ist mir das egal. Ich feuere mein Späßchen, auch körpersprachlich, wie ein besoffener Jagdflieger auf sie ab. Und dann schockiert es mich doch, dass sie sich für die formale Richtigkeit meiner Worte nicht öffnet und ein bisschen lacht, sondern die Tür zuschlägt, dass es kracht.

»WAS?«

Sie knallt ihre Absätze in das Kopfsteinpflaster und schenkt mir einen Blick, vor dem ich nüchtern sofort in eine Atemübung geflüchtet wäre. Aber jetzt sieht ihr Blick sein Spiegelbild in meinen Augen. Zwei böse Wölfe starren sich an. Und gehen aufeinander los. Das Thema? Wen kümmert's. Jedes Glück hat Sollbruchstellen, die dem Stresstest nicht widerstehen. Sie wird laut. Ich werde lauter. Ich erschrecke mich vor mir selbst. Und schalte einen Gang runter.

»Komm, Lara, lass uns weitergehen.«

Und schon habe ich ein neues Problem. Sie will nicht. Sie will ein Taxi. Das ist ihr gutes Recht. Aber hier? Und jetzt? In einer menschenleeren Gasse drei Stunden nach Mitternacht. Mit ein bisschen Fantasie kann man Geisterreiter hindurchgaloppieren sehen. Mein Bauchgefühl sagt mir, dass es bis zu dem Hotel nicht mehr als 20 Minuten zu Fuß sind. Hier stehen zu bleiben und auf ein Wunder zu warten wird länger dauern. Sie sieht das ein, aber es ist keine wertfreie Einsicht wie vor zwei Tagen, als wir aus dem Theater kamen. Diesmal bin ich schuldig. Ich führe sie im Vollrausch und mit leeren Taschen durch das dunkle Herz von Palermo, bis sie wieder stehen bleibt und der Zirkus von vorn anhebt. Mit verschärften Bedingungen. Jetzt will sie sofort (!) ein Taxi, Zigaretten und Champagner. Die Zigaretten kann ich verstehen. Auch in ihrem Verlangen nach Champagner sehe ich kein Luxusproblem. Es ist einfach der Alkohol, den sie am besten verträgt. Kein Blackout, keine Kopfschmerzen, keine Unbalanciertheiten auf High Heels. Nur dass sie auf dem Taxi beharrt, geht mir auf den Russen-Keks. Realität trifft auf Klischee. Und, o Schreck, sie sind ein Schwesternpaar, eineiige Zwillinge gar, es ist kein Unterschied zwischen Vorurteil und Fakten zu sehen. Eine Russin will nicht einen Schritt weiter zu Fuß gehen.

Wir sind mittlerweile auf einem großen Platz, der so leer gefegt ist wie alles drum herum, aber durch seine Größe wirkt er noch leerer. Nur die Fassaden barocker Paläste sehen dem Schauspiel schweigend zu. Sie steht, ich gehe vor und zurück oder auch mal im Kreis um sie herum. Ich bin total überfordert. Ich kriege hier weder ein Taxi noch sie von der Stelle, noch schaffe ich es, allein weiterzugehen, in der Hoffnung, dass sie irgendwann hinterherkommen wird. Das erklärt das Vor und Zurück meiner Schritte. Und was wir dabei zu sagen haben, wird auch nicht so leise formuliert, wie es sich zu dieser Zeit in dieser Stadt empfiehlt, wenn man unbewaffnet ist. Streetwise geht anders. Ganz anders. Die Weisheit der Straße rät in unkoscheren Gegenden zu schnellem, aber nicht hastigem, vor allem aber zu zielbewusstem Vorwärtsstreben; auch wenn das Gegenteil eingetreten ist und man sich verirrt hat, sollte der Gang unbedingt den Eindruck vermitteln, dass man weiß, wohin man geht. Und was man tut. Das Ganze möglichst ohne Lärm und konfliktfrei im Team, falls man zu zweit unterwegs ist. Wir aber haben das Volumen hochgedreht, wir schreien sogar manchmal. Oder stimmt das etwa nicht? Schreie nur ich in meiner Hilflosigkeit, während sie ihren Zorn akustisch kontrollierter, aber inhaltlich keineswegs vorsichtiger formuliert? Und noch eine Frage: Tut trunken Mund wirklich Wahrheit kund? Dann sind wir jetzt geliefert. Die Liste der Dinge, die sie unbedingt will, hat sich um einen entscheidenden Punkt verlängert. Taxi, Zigaretten, Champagner und: ein Flugticket nach Haus. Morgen. Und ich sage, o.k., aber dafür müssen wir es erst mal bis ins Hotel schaffen. Also komm jetzt endlich, Lara, verdammt noch mal!

Wir schaffen etwa 50 Meter, aber die haben vieles verändert. Wir sind nicht mehr in den Gassen. Vor uns liegt eine breite Straße und dahinter das Meer. Ab sofort kenne ich mich wieder aus. Unser Hotel liegt am Meer. An dieser Straße. Wir brauchen sie nur nach links hinunterzugehen. Zehn Minuten, nicht länger, es sei denn, ich muss Lara tragen, dann wird es eine halbe Stunde, aber auch nur, wenn sie sich nicht wehrt. Denn sie glaubt mir nicht mehr, und ich glaube nicht an ein Taxi. Welcher Unglaube ist stärker? Das kommt auf den Ungläubigen an. Sie bleibt stehen und gewinnt gefühlte 30 Minuten lang. Ich habe nicht auf die Uhr gesehen und bin schwer betrunken. Für mein Zeitempfinden in diesem Zustand mag ich meine Hand nicht ins Feuer legen, vielleicht kommen wir nur 15 Minuten einfach nicht von der Stelle. Es ist keine Diskussion, es ist ein Getobe. Wieder und wieder treffe ich eine Entscheidung und gehe einfach los, egal, ob sie mitkommt oder nicht, ich werde weitergehen, und wieder und wieder stoppt mich nach wenigen Schritten mein Herz. Ich kann sie doch hier nicht wirklich stehen lassen. Ohne Geld, ohne Zigaretten, in diesem Zustand. In diesem Kleid. Nein, das kann ich einfach nicht machen. Und ich gehe zurück, um mich weiter beschimpfen zu lassen. Erst beim vierten oder fünften Anlauf passiert etwas in mir, das mir die Kraft gibt, die rote Linie zu überschreiten. Es ist eine echte Entscheidung. Geschmiedet in dem Feuer der Verzweiflung. Ich greife zu meinem Überlebenstrieb wie zu meiner letzte Waffe und ziehe von dannen. Quasi zeitgleich erlöst mich das Stakkato ihrer Absätze. Sie folgt mir. Sie überholt mich. Es gibt Wettbewerbe für den Sprint in High Heels. Da könnte sie sofort mitmachen. Sie läuft nicht auf dem Bürgersteig wie ich, sondern auf der Straße. Sie braucht weiterhin Abstand von mir und verlangt auch immer noch nach einem Taxi, Zigaretten, Champagner und einem Flugticket, aber Hauptsache ist: sie geht. Ich habe gewonnen. Und egal, wie oft sie jetzt noch stehen bleibt, ich gewinne weiter, und so erreichen wir tatsächlich in dieser Nacht noch unser Hotel.

Vier Sterne, große Lobby, der sichere Hafen. Ich bringe uns rein wie zwei Schiffbrüchige nach stürmischer Fahrt, aber der Sturm kommt hinterher. Sie will nicht mit aufs Zimmer. Nicht ohne Zigaretten und Champagner, und weil das Hotel gegen vier Uhr in der Nacht damit nicht mehr dienen kann, will Lara ein Taxi, und ich will auf keinen Fall noch mal da raus mit ihr, jetzt, wo ich sie endlich drinnen habe, und der Zirkus geht von vorne los. Taxi, Trennung, endgültig, nun aber mit Zeugen. Der Nachtportier und der

Securitymann sind das Publikum. Kein glückliches, wie mir scheint, der Wachmann wird langsam nervös. Er ist groß und breit. Und ich kriege Lara nicht in den Fahrstuhl, nicht mal in die Nähe davon. Und fahre schließlich allein in den dritten Stock, um das Geld aus dem Safe zu holen. Der Safe öffnet sich nicht. Ich gebe den Code dreimal ein. Es bleibt dabei. Das kann doch nicht wahr sein. Was ist los mit dieser Nacht? Was ist los mit mir? Wieder runter in die Lobby. Kein schöner Gang, ich muss Lara wie dem Nachtportier gestehen, dass ich zu besoffen bin, um den Safe aufzukriegen.

Wie erwartet findet Lara das überhaupt nicht witzig, aber der Portier hilft mir sofort. Er begleitet mich ins Zimmer und öffnet den Safe mit seinem Geheimcode. Ich treffe eine Entscheidung.

»Hör zu, Lara«, sage ich, als ich wieder unten bin, »der Portier wird dir ein Taxi rufen. Aber ich komme nicht mit.«

Eine weitere Enttäuschung legt sich über ihr Gesicht. Ich drehe mich um und gehe zum Lift. Einmal schaue ich noch zurück. Aber sehe sie nicht mehr. Sie ist schon draußen. Ich spüre den Impuls, ihr hinterherzugehen, aber er ist viel zu schwach für meinen Stolz. Ich fahr allein nach oben, ich gehe allein durch den Flur, ich falle allein aufs Bett. Noch mal drängt mich ein Impuls, ihr hinterherzulaufen. Und ich stehe wieder auf. Zu spät. Ich höre das Taxi, ich höre ihre High Heels, ich höre eine Tür zuschlagen. Als ich auf dem Balkon bin, kann ich nur noch ihren Rücklichtern hinterherschauen. Das fühlt sich beschissen an. Ich habe grad mein Täubchen verloren.

Zwei Wochen vorher.
Die Minestrone.

Das Schöne an den Schweizer Preisen war der Positivschock beim ersten Kaffee in Italien. Er kostete fast nichts. Dazu aßen wir ein leckeres Croissant, ebenfalls spottbillig. Nur das Wetter war schlecht. Die letzte Sonne hatten wir im Tessin gesehen. Jetzt regnete es. Aber was soll's. Wir saßen im Trockenen, wir fuhren kein Cabrio. Auch keinen Panzer, wie Lara meinte, oder einen Raumgleiter, meine Version. Die Wahrheit lag in der Mitte. Wir fuhren Papas Benz. Ein Mercedes 220 E CDI Elegance, 13 Jahre alt. Als ich ihn vor drei Jahren geerbt hatte, sah er neuer als neu aus. Da hatte sich mittlerweile einiges getan. Die Karosserie hatte ein bisschen Charakter bekommen, aber der Stern war noch dran. Der Rest war Mercedes. Unkaputtbar und unverdrossen fraß der mythenumrankte Motor nach dem Kaffee wieder die Autobahn, vorbei an Mailand und weiter in Richtung Genua. Wir wollten heute unbedingt noch bis an die Rivieria kommen, auch wenn das nicht ganz meinem Plan entsprach. Plan war, nicht länger als vier oder fünf Stunden pro Tag zu fahren. Danach hört der Spaß auf, und der Rücken fängt an. Die Nerven, der Stress, die müden Augen, die Einsicht, ein Idiot zu sein. Das ist kein Urlaub, das ist Arbeit, Fernfahrer werden für so was bezahlt. Nein, wir fahren nie länger als vier oder fünf Stunden, dann haben wir auch noch die Kraft, uns ein gutes Hotel zu suchen. Auch das war Teil des Plans. Es wird nicht reserviert. Wir wollten die Freiheit, jederzeit zu bleiben, wo es uns gefällt. Wir wollten den Luxus der Spontaneität. Und nun lief schon am ersten Tag unserer Autoreise durch Italien das eine Wollen mit dem anderen nicht mehr sauber synchron. Seit dem Start in St. Gallen waren mittlerweile deutlich mehr als vier oder fünf Stunden vergangen, aber es gefiel uns 40 Kilometer hinter Mailand nicht gut genug, um zu bleiben. Und Lara träumte schon so lange vom Meer.

Wir erreichten die Küste Liguriens zur blauen Stunde. Da war das Meer, da waren die Buchten, aber da waren auch die vielen Tunnel und mein toter Punkt. Ganz tot war er noch nicht, doch nahe dran. Ich musste dringend runter von der Autobahn. So kamen wir leider nicht in eines der ehemaligen Fischerdörfer, die sich zu Perlen der Tourismusbranche entwickelt haben, sondern in eine ganz normale italienische Kleinstadt im Regen. Und ich lief nicht mehr rund. Auf die Verkehrsregeln zu achten, niemanden anzufahren und gleichzeitig nach Hotels Ausschau zu halten bekam ich so eben noch auf die Reihe. Aber ich schaffte es nicht mehr, die Enttäuschung seelisch abzufedern, die mich auf der Uferpromenade überfiel, nachdem wir den Wagen geparkt hatten. Plötzlich saßen wir nicht mehr im Trockenen, plötzlich spürte ich den kalten Wind, und fast genauso plötzlich stellte sich heraus, dass die wenigen Hotels hier ausgebucht waren. Das Meer lag dunkel, um nicht schwarz zu sagen, unter einem sternenlosen Himmel, und auf der Uferpromenade bewegte sich außer uns niemand mehr im Regen. Ich fühlte mich zu schwach, um weiterzufahren, und, um ehrlich zu sein, auch zu schwach, um weiterzugehen, zu schwach für dieses Leben. Meine Probleme möchte ich haben. Jaguare im Amazonas, Bombenhagel in Teheran, Straßengangs im Harlem der frühen 80er-Jahre, das nannte ich einmal Probleme.

»Ich glaube, Engelchen, du musst was essen«, sagte Lara.

Engelchen: 64, Täubchen: 41. Ich kenne die Welt, sie das Leben. Wer schwach ist, muss zum Italiener gehen. Sie führte mich zum erstbesten, aber besser ging es eigentlich nicht mehr. »Miramar«, ein familiengeführtes Restaurant für Familien, alle Gäste schienen sich zu kennen oder zumindest miteinander verwandt zu sein. Onkel, Tanten, Bräute, Neffen, ganze Sippen saßen an zusammengerückten Tischen, Kinder lärmten, Mädchen lachten, Patriarchen gaben ihren Senf dazu. Ein Tisch war frei, nur einer, in dem Getümmel. Hatte er auf uns gewartet? Wusste er, dass der Zufall und der Regen uns heute zu ihm spülen würden? Ich schwärme für den fantastischen Realismus, ich liebe Märchen. Ein Tisch mit übersinnlichen Fähigkeiten grüßt seine erschöpften Gäste. Tischleindeckdich. Primi piatti, Minestrone mal zwei. Wir bestellen immer mal zwei. Beim unserem ersten Rendezvous in einem guten Wiener Restaurant glaubte ich noch an einen lustigen Zufall, dass wir uns für das gleiche Gericht entschieden hatten, auch für die gleiche Vorspeise, aber als es dabei blieb, dass wir, egal wo und egal wann, immer das Gleiche speisen wollten, sah ich darin eine frohe Botschaft. Es kann durchaus mal vorkommen, dass zwei zusammen sind, die auch zusammenpassen. Wir haben den absolut gleichen Geschmack beim Essen, dasselbe gilt für Filme und Damenunterwäsche. Ein Köfferchen in Papas Benz war mit Täubchens Geheimnissen gefüllt. Ich brauchte nur an das Gepäckstück zu denken, und mir wurde warm ums Herz. Mit dem ersten Löffel Minestrone à la Miramar war all das, aber auch alles andere, vergessen. Das war Gott als Suppe.

Es war nicht die erste Minestrone in meinem Leben, aber es kam mir so vor. Waren all die anderen nur Unverschämtheiten gewesen? Ein dünnes Sehnen nach der Kraft des italienischen Gemüsegartens. Schon der erste Löffel holte mich aus dem Loch. Dem Täubchen ging's ähnlich. Löffel für Löffel löffelten wir uns voll. Ein gutes Wort. Man kann es zum Lob dieser Minestrone nicht oft genug wiederholen. Gehalt-voll, geschmack-voll, und rand-voll die Schüssel. Im Prinzip herrschten in der Suppe dieselben Verhältnisse wie an den Tischen. Auch Kräuter, Hülsenfrüchte, Kohl und Kartoffeln sind eine große, glückliche Familie, zusammengerührt mit Liebe. Ich vermutete ein dampfendes Herz am Kochtopf in der Küche. Mamma mia, und mille grazie für die temporäre Überwindung aller Probleme. Wir waren wieder stark, wir waren wieder schön, wir waren wieder mutig.

Das kleine Hotel stand nur fünf Minuten entfernt von der Minestrone in einer Seitenstraße. Ein rotes Haus mit zwei Sternen und vielen Balkonen. Auch vielen Gittern. Und alles verschlossen. Im zweiten Stock brannte ein Licht. Die Nachtglocke lockte einen Mann heraus, der wie der Nachtportier aussah, aber in Wahrheit ein Hotelbesitzer war, der sich keinen Nachtportier leisten konnte. Auch keinen guten Frisör. Die ganze Erscheinung kam ein bisschen verschlampt rüber, aber wirklich nur ein bisschen, und möglicherweise lag das auch an der späten Stunde. Um diese Zeit hat man in Italien schon etwas Wein getrunken. Er sprach freundlich mit uns. Und lachte auch ein- oder zweimal. Aber es schien mir das Lachen der vom Leben Enttäuschten zu sein. Er war alt genug dafür. Mitte 40, vielleicht auch Anfang 50, und ja, er hatte ein freies Zimmer, sein bestes, mit dem größten Balkon, und wir hatten noch eine halbe Flasche Rotwein aus St. Gallen. Todmüde, aber eng umschlungen, schliefen wir ein bisschen später auf sehr guten Matratzen ein.

Wenn es stimmt, dass der durchschnittliche Mensch nur zehn Prozent der Möglichkeiten seines Gehirns nutzt, dann war ich nach dem Aufwachen mit fünf Prozent unterwegs. Man nennt das Halbschlaf. Aber wenn ich ehrlich bin, schreibe ich mir hier den Zustand schön, denn es würde bedeuten, ich wäre auch halb wach gewesen. So fühlte sich das aber nicht an. Sorgen machte ich mir keine. Das ist jeden Morgen so. Ich brauchte jetzt nur einen Kaffee, eine Zigarette, eine Stunde Meditation und ein gutes Frühstück, um wieder auf zehn Prozent zu sein. Aber das Wichtigste war der Kaffee. Ich stolperte aus unserem Zimmer. Da war der Flur. Und da die Treppe. Obacht. Auf der Treppe bin ich im Halbschlaf immer extrem vorsichtig. Stufe für Stufe tasteten sich meine Füße nach unten, während ich am Geländer die Balance hielt. Das sind nur in guten Hotels keine schutzlosen Momente. In schlechten läuft man so in jedes offene Messer.

Der Typ von gestern Abend stand hinter der Rezeption. Ich sagte »buongiorno«, und er sagte »Frühstück gibt's nur bis 9 Uhr 30«. Ich schaute auf die Uhr. Es war 9 Uhr 40. »No problem, aber könnte ich vielleicht Kaffee haben?« Sein Blick verriet mir, dass ich mich geirrt hatte. Er sah durchaus ein Problem. Ein Ruck ging durch ihn. Dann machte er mir einen Kaffee. Nur einen, obwohl er wusste, dass wir zu zweit waren. Als ich ihn deshalb um eine weitere Tasse bat, ging wieder ein Ruck durch ihn, aber ein stärkerer als der zuvor. Ich fühlte, dass ich drauf und dran war, eine Grenze zu überschreiten, aber was sollte ich machen? Vor ihm auf die Knie fallen? Er erfüllte mir zwar meine Bitte, aber damit, das war klar, war das Limit seiner Güte erreicht.

»Check-out ist um zehn«, sagte er.

»Wie bitte?«

Das war eine ehrlich gemeinte Frage, denn ich war noch immer mit nur fünf Prozent meiner Gehirntätigkeit unterwegs, außerdem traute ich meinen Ohren nicht. Er aber reagierte darauf, als wäre es keine Frage, sondern eine Frechheit gewesen. Er wurde lauter.

»ICH HABE ES EUCH GESTERN ABEND GESAGT. CHECK-OUT IST UM ZEHN!«

Es gibt Leute, für die ist das normal, weil sie Frühaufsteher sind. Ich bin das letzte Mal vor der Jahrtausendwende früh aufgestanden. Irgendwann in den 80er-Jahren. Und selbst wenn ich kein Langschläfer wäre, könnte ich einen Check-out um zehn nicht verstehen. Ganoven haben eine Ehre. Warum können nicht auch Hoteliers eine haben? Es war mittlerweile 9 Uhr 50.

»O. k., wir sind in 30 Minuten draußen.«

»In zehn Minuten«, sagte er.

Täubchen lag noch im Bett, als ich das Zimmer betrat, aber sie hörte, wie mir der Hotelier ein weiteres Mal »Check-out ist um zehn!« hinterherschrie. Das brachte sie umgehend auf den Balkon. Endlich kam die segensreiche Kombination von Kaffee und Zigaretten zum Zug. Mit Drogen ist es ähnlich wie mit Lebensmitteln. Ein Stück Käse schmeckt gut. Eine Weintraube auch. Aber beides zusammen entfaltet einen Geschmack, der mehr als die pure Addition der Genüsse ist. Eher eine Multiplikation, wahrscheinlich aber sogar eine Transformation. Etwas völlig Neues entsteht. Für Koffein und Nikotin gilt dasselbe. Das eine macht wach, das andere inspiriert, und die Kombination davon heißt: »Guten Morgen«. Ende der guten Nachricht. Das Zimmertelefon läutete. Mir schien fast, dass es bellte. Ich checkte die Zeit, und es war tatsächlich Punkt zehn. Der Typ hatte nicht nur keine Ehre, er kannte auch keine Gnade. Ich erreichte das Telefon zu spät, er hatte schon aufgelegt. Aber ich konnte ihn nicht ignorieren. Vielleicht spekulierte er darauf, uns für die paar Minuten, die wir zu spät auscheckten, einen weiteren Tag in Rechnung zu stellen. Der klassische Rip-off, aber was konnte ich tun? Er hatte unsere Pässe.

Ich öffnete die Zimmertür und rief: »In zehn Minuten sind wir raus!« Und was schallte zurück? »Keine zehn Minuten mehr!« Und: »Check-out ist um zehn!« War der Mann ein Papagei? Oder hatte er 'nen Vogel? Immer dieselben Sprüche. »Ich habe es euch gestern Abend gesagt«, war der nächste.

Da war ich schon wieder bei ihm an der Rezeption und erhielt als kleines Morgenpräsent die astreine Präsentation eines mühsam unterdrückten Jähzornanfalls. Sein Hals schwoll an, sein Gesicht begann zu schwitzen, seine Pupillen wurden zu Gewehrkugeln in Habachtstellung. Das passierte nicht gleichzeitig, sondern nacheinander, bei allem, was ich nun sagte, zündete er die nächste Stufe. »Es tut mir leid, aber ich habe es gestern nicht gehört«, sagte ich. Er sagte nichts. Nur seine Schlagader sprach. »Weil ich schwerhörig bin!« Er schwieg weiterhin, aber seine Haut transpirierte. Ich beugte meinen Kopf und zeigte ihm mein Hörgerät. Das half eigentlich immer. Nicht bei ihm. Er war nicht das Sozialamt. Er räumte mir keinen Behindertenstatus ein. Er sah mich wie einen Penner an. Ich gab auf und stürmte die Treppe hinauf. »Keine zehn Minuten mehr!«, schrie er hinterher.

Täubchen stand nackt in der Badezimmertür. Sie wollte duschen. Daraus wurde nichts mehr. Auch nichts aus dem Zähneputzen. Ich zog meinen Hut vor ihr. Um sich anzuziehen, ihren Kram einzupacken und mit Sack und Pack an der Rezeption zu erscheinen, brauchte sie nur sieben Minuten. Und sie lächelte. Ich ging den Wagen holen, während sie mit dem Gepäck bei dem Durchgeknallten blieb, und als ich zurückkam, war der plötzlich wie umgedreht und fast lieb. Das Leben ist voller Wandlungen. Aber was hatte sie bewirkt?

Wir bepackten den Wagen, ließen ihn stehen und gingen zu dem Minestrone-Restaurant für eine zweite Runde Kaffee und Zigaretten. Da erzählte sie es mir. Eine ihrer Freundinnen lebt in Rom. Und die hat ihr mal erklärt, wie Italienerinnen reagieren, wenn sie ärgerlich sind. Sie zeigen ihre Wut nicht. Sie lächeln das weg. Sie bleiben immer das liebe Mädchen, egal, was sie wirklich fühlen und denken, und auch egal, was sie planen, um sich zu rächen. Und daran hatte Täubchen eben denken müssen und es genauso gemacht. Lächelnd hübsche Sachen erzählt. Wie ruhig das Zimmer war, wie gut der Schlaf. Danke dafür, lieber Hotelier. Und was hatte er dazu gesagt?

»Er bat mich darum, genau das für TripAdvisor zu schreiben. Er kriegt nur negative Kritiken im Internet. Und das kann er einfach nicht verstehen.«

Mir fiel fast die Tasse aus der Hand.

»Hat er das wirklich gesagt? Er versteht nicht, warum alle schlecht über ihn schreiben?«

»Ja.«

Ich musste noch Stunden später darüber lachen. Immer wieder brach es aus mir heraus. Dieser Wahnsinnige, dieser Poltergeist. Eigentlich heißt es ja »Ach, wie gut, dass niemand weiß, dass ich Rumpelstilzchen heiß«. Aber hier hatte man es mit einem zu tun, von dem alle wissen, was er ist, nur er selbst nicht. Lachen und Gruseln zugleich. Der Hotelier hatte sich wie ein böser Kreisel in mein Innerstes gedreht und spukte da noch lange rum. Manchmal schüttelte es mich, aber darüber hinaus waren wir alle gut drauf, Lara, der Mercedes und ich. Ein Sonntag begann, und wir fuhren mehr oder weniger allein auf der Via Aurelia gen Süden, immer an der Küste lang, rechts das Meer, links bewaldete Hügel, und alle Kurven führten nach Rom. In der Welt der Werbung hat für Papas Benz nur die Toskana die artgerechten Straßen, für ihn wurde es eine Pilgerreise durch heiliges Land.

Kann ein Auto religiöse Gefühle haben? Nur wenn es eine Seele hat. Und? Haben Maschinen Seelen? Mein Vater fuhr diesen Wagen im Alter von 86 Jahren noch drei Monate vor seinem Tod durch die Gegend, obwohl er fast taub und halb blind war, und sein linkes Bein konnte er auch kaum noch bewegen, aber wer braucht ein linkes Bein bei einer Automatik? Er kam halt nur schwer in den Wagen rein. Sobald er saß, verschmolzen Mensch und Maschine, mein Vater und der Benz wurden eins.

Dasselbe konnte ich langsam für mich behaupten. Ich fuhr den Wagen wie in Trance. Aber mit wem von beiden hatte ich mich vereint? Mit dem Benz oder mit Papas Seele? Ich fuhr so langsam wie er, so fließend, so vorausschauend. Wie mein Vater maß ich das Können eines Fahrers nicht daran, wie schnell er ist, sondern wie oft er bremsen muss. Wer viel bremst, braucht entweder eine Brille oder einen Nervenarzt. Oder beides. Vielleicht auch wieder mal Sex. Wer schnell sein will, muss langsam werden. Habe ich oder mein Vater das gesagt?

Manchmal wurde es mir unheimlich. Es war ja nicht nur unsere Fahrweise. Nach seinem Tod entdeckte ich eine Menge seiner Eigenschaften an mir, die ich bei ihm nicht gemocht hatte, aber jetzt gefielen sie mir. Damit konnte der Benz eigentlich nichts zu tun haben. Oder sah ich jetzt anders auf die Welt, weil ich sie aus Papas Perspektive sah, mit dem Stern vor mir und der Heizung unterm Arsch? Und was war mit unseren Beifahrerinnen? Lara wäre genau sein Typ gewesen. Sie war die moderne Version seiner zweiten Frau. Er liebte sie sehr. Als sie starb, starb er hinterher.

Als ich ihm für die Zwischenzeit eine polnische Pflegerin engagieren wollte, informierte ich ihn darüber, dass die Agenturen Alterskategorien anbieten. Von 20 bis 30, von 30 bis 40, von 40 bis 50, und was sagte er? »Gibt es auch Kategorien für Brustumfang?« Ich war ganz sicher, zu meiner Beifahrerin hätte er mir gratuliert. Aber er hätte sie nicht fahren lassen.

»Warum nicht?«, fragte Täubchen.

»Weil er Oldschool war – Männer tun, was Männer tun, und Frauen machen Frauensachen. Aber ich glaube, er hätte niemanden seinen Wagen fahren lassen. Er vertraute nur sich selbst. Und damit ist er über 60 Jahre unfallfrei gefahren. Außerdem: ›Ich kann gut mit Maschinen‹, hat er mir mal gesagt. Weißt du, was das heißt?«

»Dass er sie liebte.«

»Ja, und Maschinen kriegen es mit, wenn du sie liebst. Und danken dir dafür durch tadelloses Betragen. Und was ist jetzt, willst du ihn mal fahren?«

Lara machte auch am Steuer eine gute Figur. Sie brauchte den Fahrersitz dank ihrer langen Beine kaum nach vorne zu rücken, und ihre Haltung war souverän. Weder verspannt noch nachlässig, weder überheblich noch verschämt, passte sie in den Benz wie hineingemalt. Noch standen wir am Straßenrand, und ich erklärte ihr die Automatik.

»Vergiss deinen linken Fuß.«

»Ich weiß nicht, ob ich das kann. Ich bin immer nur mit Gangschaltung gefahren.«

»Vergiss ihn einfach.«

»O. k.«

Ich machte mir ja selbst ein bisschen Sorgen. Wer drei Pedale gewohnt ist, hat Kuppeln im Blut und tritt mit links schnell mal auf die Bremse, obwohl er nur schalten will, wo es nichts zu schalten gibt.

»Und die rechte Hand lässt du immer am Steuer. Du darfst den Schalthebel der Automatik auf keinen Fall verstellen, solange der Wagen rollt. Also lenk mit rechts und rauch mit links.«

»Gut zu wissen«, sagte Lara, und los ging's.

Die Strecke war gut gewählt. Weiterhin nur Kurven und fast kein Verkehr. Wenn ich mich recht erinnere, kann ich auf das einschränkende »fast« sogar verzichten. Der Zufall, das Schicksal oder der Gott, der alle Fäden zieht, hatte für Täubchens Jungfernfahrt mit der goldenen Kuh meines Vaters so etwas wie eine Teststrecke für Kurvenfahren im Regen hingelegt. Exklusiv. Nur für sie und mich. Es regnete schon den ganzen Vormittag, und wenn ich zum Himmel schaute, sah es nicht danach aus, als ob sich daran am Nachmittag was ändern würde. Jedenfalls nicht zum Besseren. Zum Schlechteren schon. Der Weg der dunklen Wolken schien auch der unsrige zu sein. Aber was macht das schon, wenn man eine gute Chauffeurin hat. Ihre Umstellung auf die Automatik verlief so fließend, dass wir sie nach zehn Minuten vergessen hatten. Sie fuhr einen Tick sportlicher als ich, aber nie zickig, sie riskierte nichts, aber war auch nicht zu vorsichtig, sie beschleunigte weder abrupt noch unnötig, und sie bremste auch nicht in den Kurven, kurz: Sie fuhr adrenalinfrei und magenschonend, und ich fühlte mich bestätigt. Ich hatte immer daran geglaubt, dass ich irgendwann in meinem Leben, irgendwo auf dieser Welt, einer Frau begegnen würde, die Auto fahren konnte. Was ich nicht glaubte, war, dass es eine Russin sein würde. Ich hatte gut gewählt. Als der Starkregen begann, warf die Russin nicht die Nerven weg. Neben all diesen für unsere Beziehung erfreulichen Neuigkeiten blieb natürlich die Frage erlaubt, was eigentlich los war. In Italien. Mitte Juni. Wenn schon Klimawandel, dann bitte wärmer. Mediterrane Temperaturen an der Nordsee und Tropen an der Riviera. Das wäre ein Deal.

Der Himmel sprach mit uns. Über der Küste war er wie zubetoniert, über dem Landesinneren nicht. Da war das Licht. Dem folgten wir, weg vom Meer, auf der Autostrada, wenn's sein musste bis Rom, aber nach etwa einer Stunde korrigierte uns der Himmel noch einmal, und stoppte unsere Weiterfahrt zur heiligen Stadt mit Donner, Blitzen und schwarzen Monsterwolken, jetzt war das Licht über einer Bundesstraße, die nach rechts abzweigte. Es machte Spaß, dem Licht hinterherzufahren. Und plötzlich war sie da. Die Sonne über den grünen Hügeln. Es grünt so grün, wenn in Spanien die Blüten blühen, aber es grünt auch ganz schön grün in der Toskana. Wir fuhren auf einem schmalen Band in lang gezogenen Kurven durch ein Meer von Rebstöcken und Olivenbäumen und tankten unsere Serotoninspeicher mit dem Glück, das vom Himmel strahlte. Ein Rentnertraum, fürwahr. Die Sonntagsspazierfahrt mit Open End. Prossima uscità: Siena.

Der Himmel gab seine Führung an die Einbahnstraßen ab. Die reichten sie nach drei immer enger werdenden Runden durch die Altstadt an eine Ampel weiter. Sie zeigte Rot, und während wir auf Grün warteten, standen wir direkt neben einem Hotel. Vier Sterne, aber das ging o.k., weil in Italien vier Sterne so viel kosten wie bei uns drei. 120 Euro für ein angenehmes Doppelzimmer und Check-out um zwölf. Halleluja, aber wenn wir es wünschten, könnten wir auch eine Stunde später raus, oder sogar zwei. Und so ging es weiter. Der Flow blieb bei uns. Mit schlafwandlerischer Sicherheit spazierten wir durch die schönsten Gassen des urbanen Mittelalters unaufhaltsam auf die Pizza Margherita zu. Sienas Altstadt ist lückenlose Gotik, das heißt, über 1000 Treppchen muss man gehen, rauf und runter und rechts und links und dann wieder durch Efeu bewachsene Rundbögen in die nächste Kopfsteinpflastersensation. Zu essen und zu trinken gab es überall, aber wir blieben nicht überall stehen, obwohl wir langsam Hunger verspürten. Ich wusste nicht, wonach ich suchte, ich wusste nur, dass ich es noch nicht gefunden hatte. Erst nachdem wir ein paar Treppchen mehr sowie einen privaten, aber der Öffentlichkeit zugänglichen toskanischen Prachtgarten, einen Teil der Stadtmauer und den Campus einer der ältesten Universitäten Italiens hinter uns hatten, waren wir plötzlich da.

Ein Raum, ein Ofen, ein Bäcker. Keine Tische, keine Stühle, weder drinnen noch vor der Tür. Der Duft hatte uns hineingezogen und der Preis nicht irritiert. Nicht immer schmeckt eine billige Pizza auch billig. Manchmal verhält es sich genau umgekehrt. Diese kostete nur 1,50 Euro und war damit die billigste Margherita meines Lebens, aber sie schmeckte, als wäre sie ein kleines Vermögen wert. Da kam wahrscheinlich vieles zusammen. Die Auswahl des Teigs, die Kombination der Gewürze, die Frische der Tomaten, die Liebe des Bäckers sowie sein Instinkt für den richtigen Moment, der immer dann gegeben ist, wenn ein kleines bisschen mehr Backzeit die Pizza verbrennen würde und ein kleines bisschen weniger sie einen Hauch zu weich aus dem Ofen entließe. Außerdem, so hörte ich von Italienkennern, sei die Qualität des Leitungswassers nicht ganz unwichtig. Je verschmutzter es sei, desto besser schmecke die Pizza. Ich weiß nicht, ob das nur für Neapel stimmt, in der Toskana vermutete ich das nicht unbedingt. Deshalb sagte ich auch Täubchen nichts davon. Warum sollte ich das seltene Glück der vollkommenen Knusprigkeit durch blöde Witze stören? Dazu tranken wir Coca-Cola.

Endlich hatte ich sie da, wo ich sie hinhaben wollte. Ich bin kein naiver Wilder. Ich weiß die Atmosphäre, den Service und die Geschmackssicherheit guter Lokale durchaus zu schätzen, aber ich kann auch draußen auf einer alten Mauer sitzen und prima essen. Zwei Japanerinnen kamen durch die schmale Gasse. Als sie die Backstube erreichten, machten sie dasselbe wie wir. In derselben Reihenfolge. Sie schnupperten, sie blieben stehen, sie gingen rein. Ich bewunderte, nein, ich beneidete den Bäcker für seine bescheidene Formel für ein zufriedenes Leben. Ein Mann, ein Ofen, ein Raum ernährt ihn und seine Familie. Und was Lara anging, wollte ich wissen, wie sie zu allem stand. Sah sie, wie ich, die alten Seelen in den alten Steinen, die uns umgaben, und war das auch für sie das perfekte Ambiente für diese perfekte Margherita? Ich musste das wissen, aber musste es nicht fragen. Sie antwortete unaufgefordert mit dem Satz, den sie immer gebrauchte, wenn ihr etwas besonders gut gefiel.

»Du zeigst mir die Welt«, sagte Täubchen.

»Und du zeigst mir wieder, wie es ist, sie zum ersten Mal zu sehen«, dachte ich.

Zwei Wochen später.
Zurück in Palermo.

Ich wache auf und brenne in zwei Höllen. Kater und Liebeskummer. Beides brutal. Lara liegt neben mir wie ein Stein. Wie soll sie mir diese Nacht verzeihen. Vor wenigen Stunden glaubte ich noch, sie ihr nicht verzeihen zu können. Ein 100-prozentiger Perspektivenwechsel. Die neue Sichtweise ist schmerzhafter als die alte. Ich bin das Schwein. Ich wollte es nicht sein. Der böse Wolf hat es vollbracht. Und sich danach aus dem Staub gemacht. Nur der gute ist mit mir aufgewacht, aber dem geht es so schlecht wie mir. Der hat auch Kater. Und stöhnt. Was, um Gottes willen, hast du getan? Wie konntest du nur so hässlich sein? Und so schreien? Bist du kein Mann, der seine Frau auf den Händen durch die Nacht von Palermo tragen kann? Oder wenigstens in einem Taxi? Dann bist du ein Verlierer, der sie nur in die Scheiße führt. Mitten rein. Ohne Geld, orientierungsschwach und komplett unsouverän. Aber schreien? Hätte der langhaarige Österreicher das auch getan? Nein. Jeder richtige Mann hätte es besser gemacht. Ihr seid den Kreuzweg eurer Reise gegangen, und du hast nichts davon bemerkt. Erst blind vor Stolz, dann hilflos wie ein Huhn.

Das wird sie nicht vergessen. Das darf sie nicht vergessen. Die Trennung ist abgemacht. Du hast es vergeigt. Und es kommt schlimmer, als du befürchtet hast. Das ist kein routinierter Liebeskummer mehr, das ist Vernichtungsschmerz. Und wo ist deine Hand?

Wir glauben an unseren Willen und hoffen auf Gott. Das war unser Beziehungsmantra. Von Anfang an. Wenn es einen Gott gibt, dann wäre er jetzt dran. Lara liegt wie ich auf der Seite. Unsere Rücken sehen sich an. Mit einer Armlänge Distanz. Ich drehe mich nicht um. Ich bringe nur meine Hand nach hinten und bewege sie tastend in ihre Richtung, und auf halbem Weg kommt mir ihre Hand entgegen, und der Blues ist vorbei. Es ist der Wahnsinn, was Hände alles miteinander besprechen können. Und wie schnell. Innerhalb von Sekunden weiß ich, dass es Lara genauso geht wie mir. Die Worte, die sie schließlich findet, bestätigen das nur.

»Es tut mir leid, dass du mich so gesehen hast«, sagt sie.

Und was mir alles leidtut. Sie glaubte, ich führte sie zum Essen aus, aber wurde dann den ganzen Abend und die halbe Nacht auf High Heels durch die Stadt gejagt. Sie hatte Rückenschmerzen, und ihre Füße brannten. Deshalb wollte sie nach der Party vor der Livemusik-Bar keinen Schritt mehr gehen. Nicht, weil sie eine Russin ist. Das hätte eine Finnin genauso gesehen. Und wahrscheinlich auch Minnie, die Freundin von Micky Maus. Und es stimmt auch nicht, dass ich keines hätte besorgen können. Als sie zum ersten Mal ein Taxi begehrte, war die letzte Bar noch nah. Zu ihr zurück wären es nur ein paar Minuten gewesen, und schon hätte man uns dort eins bestellt. Ein Klacks für einen Mann von Welt. Aber ich ließ den Wandersmann raus, und von dieser Spezies auch noch den Fundamentalisten. Beine sind zum Gehen da, Falleri und Fallera, und Scheiß auf die Gefahr. Ich bin durch so viele unkoschere Nächte ohne Probleme spaziert, dass ich mir mittlerweile unverwundbar vorkomme.

Aber Lara nicht. Sie machte leider gegenteilige Erfahrungen. Russische. Als sie noch sehr jung war, wollte sie nach einer Party zu Fuß nach Hause gehen, aber ein Lada hielt an, und zwei Männer stiegen aus. Lara sitzt gebückt auf der Bettkante und hält ihr Gesicht in den Händen, während sie mir davon erzählt, und je mehr ich erfahre, desto schlechter wird mein Gewissen. Ich bin nicht naiv, auch nicht uninformiert. Natürlich habe ich über Geschehnisse wie diese gelesen oder es in Filmen gesehen, aber mir hat noch nie eine Frau, die ich liebte, auch keine Frau, die ich nicht liebte, persönlich von ihrer Vergewaltigung erzählt. Was ich für russische Faulheit hielt, ist in Wahrheit ein russisches Trauma gewesen. Ich schäme mich für meine Fehleinschätzung der Lage, und dass ich für den kategorischen Imperativ ihrer Nikotinsucht gestern Nacht kein Verständnis aufbrachte, verstehe ich heute auch nicht mehr. Sie brauchte Zigaretten, ich brauchte Zigaretten, seit wann gehe ich ohne Zigaretten in ein Hotelzimmer, statt mal kurz mit 'nem Taxi zum Bahnhof zu fahren, so wie es Lara schließlich getan hat. Weinend, übrigens. Die ganze Zeit. Während der Hinfahrt, während der Rückfahrt und während der Wartezeit, als der Fahrer für sie im Bahnhof Palermo Centrale Zigaretten und Wein besorgte, hat sie geweint.

Zwei böse Wölfe sind aneinandergeraten. Und das war das Ergebnis. Kein sehr nachhaltiges, Gott sei Dank, wir füttern wieder die guten. Aus der Liebeskummerhölle sind wir raus. Nur der brutale Kater bleibt noch ein bisschen.

Reich in Rio

Urca

Erst versuche ich, mir den Flug schönzureden, indem ich ihn mit einer zwölfstündigen Autofahrt vergleiche, zum Beispiel von Sizilien bis Österreich, wie letztes Jahr. Kurz vor der Grenze war ich ein Wrack. Da hört sich einen halben Tag fliegen zu müssen gleich viel entspannter an. Kaum sitze ich auf meinem Platz, ist es damit wieder vorbei. Will die Air France mich verarschen? Ich passe gerade mal so rein. Und ich bin wieder schlank. Mein Nachbar zur Rechten nicht. Den Kampf um die Lufthoheit über die Lehnen gewinnt er, noch bevor wir abheben. Zu meiner Linken sitzt Lara, sie ist netter, trotzdem fühle ich mich wie angeschraubt. Zwischenfrage: Sind die Sitze in der Economy kleiner geworden, oder bin ich endgültig im Business-Class-Alter angekommen? Kurz hinterm Äquator ist es dann so weit. Der Bewegungsnotstand hat so viel Druck erzeugt, dass ich um mich schlagen könnte. Natürlich wäre das keine gute Idee. Weder Lara noch mein Nachbar, ein Russe übrigens, hätten dafür Verständnis. Ich explodiere nach innen, und vom Nachthimmel über dem großen Ozean ist leider auch nichts zu sehen, denn wir sitzen in den Mittelblöcken. Ein großer Flieger, bummvoll, mal halluziniere ich mich in eine Sardinenbüchse, mal in den Bauch einer Sklavengaleere hinein, und plötzlich fallen mir doch noch die Worte des Yogi Kashinath wieder ein. Aus einer zeitlich wie räumlich beachtlichen Distanz spricht mein Freund und Bruder aus dem Himalaja zu mir. »Die

Hölle ist endlich, die Seele nicht«, sagt er. Und das hilft erst mal.

Touchdown in subtropischer Luftfeuchtigkeit. Das Klima ist ja immer das Erste, dann kommen die Palmen, die Stadtautobahnen, die ersten Favelas, und vor einem großen Tunnel geht es links ab nach Urca zu den ersten Caipirinhas. Frederico meint, es sei das einzige Getränk, das nach so einem Flug Sinn mache. Nach einem Glas gebe ich ihm recht, nach dem dritten ist es vollbracht. Der Rum durchflutet meine Beine, ich habe Zucker im Gehirn. An den Nachbartischen, vor dem Lokal, und auf der Ufermauer lärmen Brasilianer, über den Strand fliegen Volleybälle, kleine Boote schaukeln auf kleinen Wellen. Die Bucht, die Sterne und der Cristo in der Ferne grüßen die Überlebenden. Ich weiß, Jesus wurde angenagelt, aber hier wirken seine ausgebreiteten Arme wie ein Angebot zur Umarmung. Willkommen in Rio. Nette Geste. Und Fredericos Haus ist gleich nebenan.

Wer ist Frederico?

Als ich ihn vor 23 Jahren kennenlernte, hieß er noch Friedrich-Wilhelm und war ein sehr beschäftigter Fernsehproduzent. Er hatte mit Frank Elstner zusammengearbeitet, gemeinsam entwickelten sie die Show »Mann-o-Mann«. Sie war in den 90er-Jahren die international erfolgreichste deutsche TV-Show und wurde in mehr als 20 Ländern produziert. Dass er seit nunmehr zwei Jahrzehnten nicht mehr arbeitet, nicht mehr in Deutschland lebt und auch nicht mehr auf Friedrich-Wilhelm hört, ist wahrscheinlich meine Schuld. Frederico sieht das anders, ich weiß, aber ich fühle es nun mal so und habe, über das rein subjektive Empfinden hinaus, auch noch empirische Belege. Es ist eine Art Dauerschuld. Mein Lebensstil ist zu subversiv für die Normalität. Ist? Oder war? Wir sind alle älter, ruhiger und klüger geworden. Fredercio auch. Er will raus aus Rio. Aber so einfach ist es nicht, sein Haus zu verkaufen sowie die sechs oder sieben oder acht Eigentumswohnungen, die er in Brasilien besitzt. Die Wirtschaft steckt in einer fetten Krise, der Immobilienmarkt bricht weg. Ich würde sagen, in einer Falle steckst du immer, es macht keinen Sinn, sich zu befreien. Dafür gibt's ja Jesus und Caipirinha. Die machen das für uns mit links.

Sonntag. Jetleg und Kater in Personalunion.

Aber nicht wirklich schlimm. Am Nachmittag machen wir einen Spaziergang. Frederico zeigt uns sein Urca, präziser, er zeigt es Lara. Ich kenne es ja schon, ich würde fast sagen, gut, aber man muss auch nicht oft hier gewesen sein, um es gut zu kennen. Urca ist der kleinste Stadtteil, mit der kleinsten Bucht, den kleinsten Stränden und der in Rio größtmöglichen Sicherheit, wegen der vielen Elitesoldaten in Uniform und Badehose. Offiziersanwärter wohnen hier mit ihren Familien. Schwer bewaffnete Militärpolizisten bewachen ihren Schlaf und ihre Straßen, außerdem begleitet uns David, der Chihuahua, Fredericos Schoßhund. Die Kleinen sind die Gemeinen, wenn es drauf ankommt.

Wir gehen zunächst am Meeresrand immer an der Ufermauer entlang, und alle Frauen lieben David. Daumen-Alarm. Die urbrasilianische Sympathiebekundung auf unverbindlichstem Niveau. Ich hatte sie vergessen, aber gewöhne mich sofort wieder daran. Vier Finger geschlossen, der Daumen gestreckt, so lächelt die Hand zum lächelnden Mund. Als gelernte Russin ist das Lara des Guten einen Tick zu viel, aber auch sie findet es klüger, sich den Sitten im Gastland anzupassen, als die Leute umzuerziehen, wie es Fredericos Schwester bei ihrem ersten und letzten Besuch in Rio versucht hatte. Es ist eine Weile her, aber legendär, als sie beschloss, Rio auf dem Fahrrad zu erkunden. Die Straße war schmal, ein Autofahrer wollte sie überholen, aber er hatte Gegenverkehr, und sie dachte gar nicht daran, ihr Rad näher an den Straßenrand zu bringen. Er hupte. Das ist in Rio normal. Sie zeigte ihm den Mittelfinger. Das ist in Deutschland normal. Ergebnis: ein gebrochener Arm. Der Brasilianer hatte sie angefahren. Nicht brutal, er hatte sie nur ein bisschen mit seinem Wagen zur Seite geschubst. Mit dem erhobenen Daumen wäre Fredericos Schwester sehr viel besser gefahren, denn er bezeugt nicht nur Dankbarkeit oder Respekt oder Zustimmung, Zuversicht und Mut, sondern er funktioniert auch als Friedensangebot. Ich tu dir nichts, du tust mir nichts, und alles wird gut.

Uns geht es gut im »Officers Club«. Das Restaurant hat riesige Fenster und eine große Terrasse, von drinnen wie von draußen sieht man auf die Vorlage für die weltweit populärste Postkarte. Urca ist eine Halbinsel, und wir sind jetzt auf der anderen Seite. Wir schauen nicht mehr auf Jesus, sondern auf den Zuckerhut und die Bucht, in der 1502 die ersten Portugiesen ihre Anker warfen. »Sie haben nicht gewusst, dass es eine Bucht ist«, sagt Frederico. »Sie haben geglaubt, es sei die Mündung eines großen Flusses. Außerdem war gerade Januar. Rio de Janeiro, alles klar?«

Der Zuckerhut ist hier nicht der einzige kegelförmige Berg. Diese Bucht ist umzingelt von Zuckerhüten, denn auch aus dem Meer ragen sie heraus. Alle sattgrün und dschungelüberwachsen. Große Fischreiher schweben in der Höhe, lackbunte Riesenschmetterlinge flattern in der Nähe, hier lebten glückliche Indianer. Mittlerweile weht Bossanova aus dem Restaurant, gespielt von drei glücklichen Brasilianern. Zwischenfrage von Lara. Wie wird man Millionär? Frederico erklärt es ihr.

Der kleine Friedrich-Wilhelm bekam als Kind 70 Pfennig Taschengeld in der Woche. Davon musste er aber auch seine Radiergummis und Bleistifte kaufen. Außerdem wollte sein Vater eine Buchführung darüber sehen. So lernte der Bub rechnen. Im Alter von neun Jahren oder von zehn, so genau erinnert er sich nicht mehr, sah die Rechnung so aus: Entweder er geht am Samstag ins Freibad, oder er verteilt ein Kirchenblatt mit dem Fahrrad. Beides ist Sport. Das eine kostet, das andere bringt zehn Mark. Weil er sich einen Namen als zuverlässiger Verteiler machte, durfte er zwei Jahre später auch Fernsehzeitungen austragen. Die zahlten das Doppelte. Insgesamt waren das 30 Mark. Nun kam er auch an die Mädchen ran.

»Wie?«, fragt Lara.

»Ich bezahlte ihnen ihr Eis«, sagt Frederico.

»Gut zu wissen.«

»Ja, und wenn du wissen willst, wie man kein Millionär wird, frag Helge.«

Nun, das ist schnell erzählt. Bei unserem ersten Treffen vor 23 Jahren in Hamburg gestand mir Friedrich-Wilhelm, wahrscheinlich alle meine Reisereportagen gelesen zu haben, und sie hätten ihm das Selberreisen ersetzt, was eine gute Sache war, denn so kam er zum Geldverdienen. Nun habe er eine Idee. Er schlug vor, dass ich weiter reiste, aber jetzt mit einem kleinen Kamerateam. Er werde daraus eine Fernsehserie machen. Jede Woche 40 Minuten, und nach einem Jahr hätten wir beide eine Million mehr auf dem Konto. Mehr oder weniger, ich hatte noch nie eine Million, auch keine halbe, deshalb sagte ich, okay, das können wir machen, aber warum begleitest du mich nicht, bevor wir damit anfangen, auf ein paar meiner Reisen, einfach so, damit du ein Bild von meiner Arbeitsweise bekommst. Das war mein Fehler. In Marokko gab es noch keine Probleme, die begannen erst auf Kuba. Zwei Wochen machte er dort alles mit, dann flog er nach Deutschland zurück, ich blieb. Zehn Tage später war er wieder in Havanna. In der Zwischenzeit, sagte er, habe er sich von seiner Freundin getrennt. Wieder blieb er zwei Wochen, wieder flog er nach Hause, und wieder kam er ein bisschen später nach Kuba zurück. Dieses Mal hatte er seine Produktionsfirma aufgelöst und die Rechte an »Mann-o-Mann« weltweit verkauft. Als ich ihn fragte, warum er das getan habe, antwortete er, er habe an meiner Seite begriffen, dass ihm Reisen besser als Arbeit gefalle. Damit war auch unser Projekt gestorben. Den Fernsehproduzenten gab es nicht mehr. Friedrich-Wilhelm auch nicht. Von Stund an hieß er Frederico und reiste um die Welt. Zunächst mit mir, aber zunehmend auch allein, denn ich war nicht mehr aus Kuba wegzukriegen, und dann hieß es plötzlich, Frederico habe Deutschland ganz aufgegeben und ein Haus in Rio gekauft.

Willkommen in Brasilien. Willkommen in Südamerika. Willkommen auf der südlichen Halbkugel unseres Planeten. Willkommen in der Neuen Welt. Mit mehr als genügend Geld für alle Bedürfnisse eines Millionärs, der nicht wie ein Millionär lebt. »Für den kleinen Mann«, sagt Frederico, »ist jemand ein Millionär, der eine Million im Jahr ausgibt. Aber dann ist er kein Millionär, sondern entweder ein Milliardär oder ein Idiot.« Frederico braucht keine Statussymbole. Er fährt Mittelklasse im Grenzbereich zum Kleinwagen, er trägt Qualität, aber keine Namen, und vor der goldenen Rolex würde er sich ekeln. Außerdem wäre sie in Rio das falsche Signal. Mit seinen Uhren ist er in 15 Jahren zweimal überfallen worden, mit der Rolex wäre er täglich fällig.

Auch sein Haus ist kein Palast. Es ist groß genug, um mit einer Frau darin zu wohnen, aber nicht zu groß, wenn das nicht klappt. Also zwei Stockwerke, ein paar Balkone und Pool auf dem Dach. Überall regiert der sichere Geschmack, alles ist teuer, erstklassig und modern, aber nirgendwo rutscht sein Reichtum in Luxus ab. Luxus ist Kitsch. Und das einzig Luxuriöse an seinem Haus ist die Lage. Es steht direkt an der schmalen Uferstraße, die drei besten Restaurants von Urca sind gleich um die Ecke, ein kleiner Strand ist in Steinwurfnähe, und am Himmel hält Jesus die Dauerstellung, es sei denn, die Wolken spielen nicht mit, aber dann ahnt man ihn, und nicht alle Wolken sind gleich dicht. Manchmal ist der Cristo nur ein ganz klein bisschen zu sehen und gleich darauf ein bisschen mehr, manchmal reißt auch der Wind die Wolken wie einen Vorhang auf, und der Gekreuzigte kommt hervor, zum Beispiel in Zartrosa. Sie strahlen ihn in allen Bonbonfarben an, und ich denke, das ist Geschmackssache, und vermute keine spirituellen Botschaften darin.

Frederico sagt, der oberste Bischof von Rio bestimmt die Auswahl der Farben und den Rhythmus ihrer Wechsel, also grad von Zartrosa ins Blutorange.

Trotzdem hat jeder sein Kreuz zu tragen. Bei mir ist es die Arbeit, bei Frederico die Freizeit. Jedenfalls vermute ich das, obwohl es schizophren klingt. Warum träume ich von einem Leben ohne Arbeit, aber unterstelle einem Millionär, sie zu vermissen? Das ist doch Quatsch. Geld macht nicht glücklich, aber reich. Und reich sein bedeutet eine Sorge weniger. Mehr nicht. Soll er arbeiten, um all die anderen Sorgen, die einen Menschen befallen, zu verdrängen? Oder soll er die frei gewordenen Kapazitäten nutzen, zum Beispiel für Facebook? Er war ja auch mal Fotograf, lange bevor er Fernsehproduzent wurde, und jetzt fängt er wieder damit an. Fotografiert die ruhigen Straßen von Urca, oder er geht auf Reisen und fotografiert in Bolivien, auf Long Island und in Kristina, Dänemark. Und er ist gut. Ich darf das sagen. Ich habe mein halbes Leben mit guten und sauguten Fotografen gearbeitet, meine Messlatte liegt hoch. Er macht das aus Spaß, aber er macht es professionell. Er gibt sein Bestes, ohne dass er es muss. Kreativität ohne Stress. Er braucht weder Geld noch die Liebe des Publikums. »Abstrakte Liebe interessiert mich nicht«, sagt er. »Ich will nur die konkrete.«

Wir sitzen auf der Ufermauer vor seinem Haus. Das machen alle, die an dieser Straße wohnen, und natürlich kommen sie auch von woanders. An den Wochenenden und Feiertagen wird die Ufermauer von Urca zu einer Party-Mauer. Das erinnert mich an Havanna. Wie oft haben wir auf der Mauer am Malecón gesessen, um beim ewigen Soundtrack der Wellen über Frauen und Bücher zu sprechen. Der Rest von Urca erinnert dagegen an ein portugiesisches Dorf, vielleicht sogar auch an ein italienisches, aber auf den LED-Anzeigen des Stadtbusses, der in halbstündigen Abständen über die Uferstraße humpelt, laufen die Namen legendärer nächster Stopps. »*** Copacabana *** Ipanema *** Leblon ***«.

»Nein, es gibt niemanden auf der Welt, mit dem ich gern tauschen möchte«, sagt Frederico. »Ich war neulich auf der Geburtstagsparty von Frank Elstner in Berlin. Er ist ja 75 geworden. Alle waren da, aber wirklich alle, die im Fernsehen groß sind. Und was soll ich sagen, ich habe mich gefreut, ihn wiederzusehen. Wir waren ja wie Brüder damals. Der Rest ließ mich kalt. Warum soll ich in den Zirkus wieder einsteigen wollen? Wenn du meine Lebensmaxime wissen willst: Selbstmächtigkeit. Und die habe ich erreicht. Sie ist mehr als Selbstbestimmung und viel mehr als Selbstständigkeit. Die Arbeitswelt ist immer fremdbestimmt.«

Ich weiß, warum er das sagt. Er hat sich immer an dem Geschmack der Kunden orientiert, nie an seinem. Auch die Themen haben ihn nicht sonderlich interessiert. Die Bundesgartenschau in Frankfurt, Buga genannt, war ihm ziemlich schnuppe, trotzdem hat er mit dem Buga-Buch, der Buga-Illustrierten und der Buga-CD seine erste Million gemacht. Auch »Mann-o-Mann«, seine Erfolgsshow, hätte er sich privat nie angesehen. Das hat ihm zwar ständig den Magen umgedreht, aber letztendlich selbstmächtig gemacht. Bei mir war es genau andersherum. Ich habe nicht immer, aber fast nur Geschichten gemacht, die mich selbst interessierten, und sie auch immer so geschrieben, dass sie mir selbst gefielen, das heißt, ich habe in den meisten Fällen damit bewusst gegen die Wünsche meiner Auftraggeber gearbeitet. Und was hat es mir gebracht? Kein Haus in Rio, aber auch Selbstmächtigkeit. Im Kampfsport des Lebens tragen wir also beide den schwarzen Gürtel des Erfolgs, aber beide nur den ersten Dan. Der zweite Dan gebührt Leuten, die den Spagat schafften, die Selbstverwirklichung in der Arbeit und die Millionen, wie Steven Spielberg zum Beispiel oder Steve Jobs. Die haben das prima hingekriegt. Manchmal denken Frederico und ich, dass wir wie zwei Seiten einer Medaille sind. Wir müssten sie nur zusammenbringen.

Darum habe ich ein eigenes Zimmer in Fredericos Haus, ein separates Zimmer, eigentlich ein separates Häuschen. Man erreicht es durch seinen Hinterhof über ein separates Treppchen, es hat auch eine eigene kleine Terrasse, ein eigenes Bad und ein ideales Fenster für den Schreibtisch. Mein Office in Rio, das war sein Angebot, aber ich habe es nicht oft genutzt. Nur fünf-, sechsmal, wie Frederico sagt. Er braucht keinen vorwurfsvollen Ton, es reichen die Fakten. Fünf-, sechsmal in 15 Jahren. Öfter habe ich ihn nicht besucht. Und nie bin ich lange geblieben. Das ist nicht meine Schuld, das ist die Schuld von Rio.

Die Stadt hat mich nie so gefesselt und gefangen genommen wie Marrakesch und Havanna, und als Fredercio in die Neue Welt umzog, entdeckte ich plötzlich die Alte, und Europa wurde mein Lieblingskontinent. Für Lara dagegen wird es langsam mal Zeit, Rio zu entdecken. Wir sind seit drei Tagen nur in Urca und genügend akklimatisiert.

Frederico erklärt Lara die Spielregeln. Sie sind einfach: Wenn du überfallen wirst, darfst du auf keinen Fall 1. dich wehren, 2. widersprechen, 3. ein unfreundliches Gesicht machen. Sonst bist du tot oder schwer verletzt. Bleib höflich, und ein Schuss Demut schadet nicht, denn in Brasilien ist die Kriminalität in Wahrheit ein Bürgerkrieg. Die Armen nehmen von den Reichen, weil es anscheinend nicht anders geht. Auch wenn man diese Einstellung nicht teilt, fährt man am besten mit ihr. Und verarsch sie nicht. Zu wenig Geld dabeizuhaben ist genauso schlecht wie zu viel. Nein, Blödsinn, viel schlechter. Was ist der Verlust von größeren Summen gegen den Verlust des Lebens, des Gesichts oder auch nur gegen eine Kugel im Knie? Die Untergrenze sind 50 Dollar. Aber klar, alles halb so schlimm, wenn man weiß, wohin man geht und wohin nicht.

Man geht zum Beispiel am Strand der Copacabana nach Anbruch der Dunkelheit nicht mehr direkt am Wasser entlang, weil einen dann kein Schwein von der Uferpromenade mehr sehen kann. So wurde Fredericos erste Uhr abgezogen. Ein paar Jungs umringten ihn und warfen ihn auf den Rücken. Die zweite Uhr war vor einem Restaurant auf der Copacabana dran. Einer von hinten, zwei von vorn, der Stärkste nahm ihn in den Schwitzkasten und würgte ihn ein bisschen, die anderen hatten ihre Hände in seinen Taschen. Niemand sah es, weil es schon spät in der Nacht war. Aber es geht auf der Copacabana auch am Tag und umgeben von vielen Menschen. Ein Bekannter von mir spazierte auf der Promenade, eine Gruppe von Joggern umringte ihn, und alle Sportler hatten jetzt Messer in der Hand. Oder Frank, mein Freund und Fotograf. Er stand zur blauen Stunde vor seinem Hotel, als er plötzlich in zwei unfreundliche Gesichter und eine Pistole sah. Um ein Haar hätte es ihn erwischt. Er hatte die Dollar in der linken Hosentasche und die Real rechts. Er gab ihnen das brasilianische Geld, das machte sie richtig wütend. Sie warfen es auf den Boden und schrien: »Das ist nichts!« Dann gab er ihnen die 50 Dollar, und sie waren weg. »In God we trust.«

Und natürlich ist Lara nichts Böses geschehen. Nichts ist passiert, unter anderem, weil ich dabei war. Ich habe einen ziemlich guten Bad-Vibe-Radar. Nur einmal auf der Copacabana und einmal in dem Tanzviertel Lapa fühlte ich, dass wir gecheckt wurden, bevor ich die Checker erblickte. Vier, jeweils. Und als ich sie dann sah, war klar, woher diese Raubtierenergie kam, die mich gerade angesprungen hatte. Sie checken, wo die nächsten Polizisten stehen, und sie checken, ob es sich lohnt. Es lohnt sich nicht, ich trage keine Armbanduhr, trotzdem ist die Allgegenwärtigkeit der Gefahr in dieser Stadt auch ein Grund, warum ich so selten komme und nie bleiben will. Und warum will Frederico Rio verlassen? »Die zunehmende Kriminalität«, sagt er. Und wohin soll es gehen? »Nach Panama. Da gibt es eine seit Jahren boomende Wirtschaft, deshalb nur wenig Straßenkriminalität, und eine Altstadt wie in Havanna.«

Und Lara sagt, sie will vor unserem Rückflug noch unbedingt Jesus aus der Nähe sehen.

Der Berg, auf dem er steht, ist 700 Meter hoch. Eine kleine Zahnradbahn bringt uns mit anderen Touristen zu ihm und dem besten Blick über Rio, den man haben kann. Alle Buchten, alle Strände, alle Zuckerhüte. »Ich glaube nicht, dass ich hier bin«, sagt Lara und will ein Foto von sich und Jesus. Das wollen alle. Und alle machen dasselbe. Sie breiten ihre Arme aus und lachen. Was ist so lustig an einer Kreuzigung? Und was denkt Jesus darüber? Muss er uns denn wirklich ewig vergeben? Und vergib auch den Brasilianern unter den Touristen, denn sie können nicht anders. Auch sie posieren wie der Gekreuzigte, aber verbinden das automatisch mit ihrem Lieblingsgruß. Daumen hoch, auch am Kreuz.

Meditation

Im Atem

Manchmal verlasse ich die Welt der Dualitäten, die Wirren der Wandlungen, die Achterbahnen der Gefühle, die Widersprüchlichkeiten der Wünsche, das Pingpong von Gut und Böse, und werde eins. Erstaunlicherweise stört es mich nicht, dass ich dann in dieser Einheit verschwinde. Vielleicht ist verschwinden das falsche Wort und vergessen das richtige. Ich vergesse die Belange meines Egos, weil sie ausgedient haben. Alle Ängste, alle Hoffnungen, alle Überflüssigkeiten. In der Einheit liegt Frieden, und wie der sich anfühlt, ist er die Erfüllung aller Wünsche. Ein Frieden ohne Boden, voll mit Honig ohne Ende, in den ich meine Nerven tunke, meine Narben, die Zerrissenheit meiner Seele, und dass andere den unendlichen Honigtopf die unendliche Pizza nennen, ist einfach nur Geschmackssache. Jeder hat sein Lieblingsbild zur Illustrierung des inneren Friedens, aber alle haben eines gemein. Alle haben mit Sattwerden zu tun, und das auf allen Ebenen des Seins. Und egal, wie tief man geht, es kommt mehr, immer mehr nach, und irgendwann stimmt es dann, dass ich mich in diesem unendlichen Kraftfeld nicht mehr länger nur vergesse, sondern darin zu verschwinden beginne, und das sieht vielleicht wie eingeschlafen aus, hat aber mit Schlaf nichts zu tun, es sei denn, man spricht vom Schlaf der Narren und Dämonen.

Ich war mein halbes Leben ein Narr und die andere Hälfte von Dämonen besessen, da tut's ganz gut, wenn die mal ruhen. Darum meditiere ich. Jeden Morgen eine Stunde. Und das seit 44 Jahren. Fast ohne Ausnahmen. Die Tage, in die ich ohne Meditation startete, kann ich an zwei Händen abzählen. Das erste Jahr fiel es mir schwer, 60 Minuten still zu sitzen, danach nicht mehr, und mittlerweile nehme ich in meinen inneren Schutzräumen so gern Platz wie in meiner Küche. Meine Seele frühstückt in der Meditation.

Wie geht das? Es sind vier Techniken. Alle indisch. Alle uralt. Generationen von Yogis haben sie geprüft. Jede von den vieren wäre auch allein ein Seelenschmaus, aber die Kombination ist geil. Wie die vier Stufen einer Rakete auf ihrem Flug zur Schwerelosigkeit. Dann ist Ruhe. Und in der Ruhe liegt die Kraft. Und in der Kraft die Angstlosigkeit. Und wo keine Angst ist, da ist noch mehr Kraft. So ungefähr geht das. Bei mir. Ich weiß nicht, wie es anderen geht, aber ich brauche Kraft, so viel ich kriegen kann, für jeden Tag. Die Zeiten sind nicht leicht. Aber waren sie das jemals? Politisch wie privat? Sie scheinen manchmal leicht, vor allem in der Erinnerung, aber es kam immer was Schweres hinterher. Entweder weil das Glück von heute das Leid von morgen ist, oder weil man nie gewinnt, ohne woanders zu verlieren, oder weil, auch das ist denkbar, das ewige Auf und Ab einfach unser Schicksal ist. Das Leben wurde, von wem auch immer, nicht als Party konzipiert. Wir arbeiten daran, ich weiß, aber bei allen Fortschritten der letzten 160 000 Jahre hat es die Menschheit bisher noch nicht hingekriegt, wieder in den Garten Eden hineinzuspazieren. Noch immer gibt es kein bedingungsloses Grundgehalt und keine Wundermedizin gegen alles. Noch immer werden wir alt und müssen sterben, noch immer ist forever young reine Ansichtssache.

Yogis sehen das so: Der Körper ist die Kutsche, der Kutscher ist der Verstand, die Pferde sind die Gefühle, und der

Reisende hinten drin – das ist die Seele. Die bleibt tatsächlich auf 'ne Art für immer jung, weil sie unsterblich ist. Wenn die Kutsche zusammenbricht, steigt die Seele einfach um. Ich weiß nicht, ob das stimmt. Niemand weiß es. Die Einzigen, die sicher Auskunft darüber geben könnten, ob es nach dem Tod irgendwie für uns weitergeht, sind alle tot. Was Lebende darüber sagen, ist reine Spekulation. Aber dass ich eine Seele in mir trage, weiß ich aus jeder Meditation. Ansonsten weiß ich, dass ich fast alles weiß, aber das meiste vergessen habe. In der Meditation fällt mir zumindest das Wichtigste wieder ein. Das kann alles Mögliche sein und ist auch jedes Mal was anderes, weil jeden Tag etwas anderes wichtig wird. Dabei geht es durchaus auch um profane Erleuchtungen. Neulich zum Beispiel führte mich die Meditation zu der Erkenntnis, dass ich dringend die Gasrechnung bezahlen musste. Eigentlich hatte ich für den Tag andere Prioritäten gesetzt, aber die innere Stimme behielt recht. Es war der letzte Moment vor dem Hahnabdrehen.

Die großen und die kleinen timelines des Lebens sowie die Halbjahrespläne, für das Geld, die Liebe und die Zähne, die verborgenen Wünsche hinter den sichtbaren, die totale Erinnerung, das totale Vergessen, das wortlose Wissen, alles bringt mir die Meditation. Sie ersetzt mir die Terminkalender, den Psychotherapeuten und natürlich auch die Religion. Denn es geht nicht um den wahren Gott. Es geht nur um das wahre Selbst. Wie immer.

Ein Wort noch zu meiner Heiligkeit. Ich rauche, ich trinke, ich pudere (wienerisch für Sex), ich esse Schokolade und Pommes Frites, ich bin eifersüchtig, triebhaft und manchmal neidisch, und meine Kutsche könnte auch mehr Pflege vertragen sowie der Kutscher weniger Drogen, aber was soll ich machen? Ich bin, wer ich bin, und der klassische indische Mönch bin ich nicht. Ich bin ein Western Yogi.

Wahrscheinlich aber nicht mal das. Ich bin noch immer nur ein Schreiber, für den ein gutes Buch wichtiger ist als ein gutes Leben. Und noch etwas: Haben Sie eigentlich schon mal daran gedacht, nicht zu denken? Vergessen Sie es. Das geht nicht. Man kann die Gedanken nicht stoppen. Aber man kann sie ziehen lassen. Und ihnen dabei zusehen. Der Weg der weißen Wolken. Auch der dunklen. Egal. Wer ihnen zusieht, ist nicht mehr mittendrin.

Ein Teil der hier abgedruckten Texte wurde bereits in Zeitungen und Magazinen veröffentlicht: Spiegel, Tempo, Süddeutsche Zeitung, Bild am Sonntag, Neue Zürcher Zeitung, Faces, Bilanz, Berliner Zeitung, Emotion, Playboy, Welt am Sonntag.

Die Geschichten erscheinen hier erstmals gesammelt und wurden alle vom Autor für dieses Buch stark überarbeitet und erweitert.